Summ
Trennkost für Naschkatzen

W0041820

Die Autorin

Ursula Summ, Bestsellerautorin zahlreicher Trennkostbücher, wagt sich nun erstmals an die süßen Sünden heran: Pralinen, Eis, Kuchen, Süßspeisen ... Wem läuft da nicht das Wasser im Mund zusammen? „Frau Summ, ich mag Pralinen so gerne, aber ...“ Leserbriefe in dieser Art erreichen Frau Summ fast täglich – „Naschereien“ sind in ihrer mittlerweile riesigen Fangemeinde sehr beliebt. Das „Aber“ können Sie sich nun sparen, denn wie Naschen und Trennkost zusammenpassen, zeigt Ihnen Ursula Summ mit vielen köstlichen Rezepten.

Weitere kostenlose Informationen rund um das Abnehmen erhalten Sie bei:
Trennkost-Club Ursula Summ Buzon Nº 356
Calle Patricio Ferrandiz 40
E-03700 Denia/Alicante
Spanien
Tel. (0034) 966 421 120
Fax (0034) 965 784 715
E-Mail: summ@trennkost.de
Homepage: www.trennkost.de

Ursula Summ

Trenn kost
für Naschkatzen

Über 80 kleine Sünden – von süß bis pikant

EINSTIEG

REZEPTE

Liebe Leserinnen, lieber Leser!

Auf dieses Buch haben Naschkatzen schon lange gewartet. Doch Naschen und Trennkost, ist das nicht ein Widerspruch? Denn eigentlich verbindet man mit Naschen doch zuckersüße Pralinen, Torten, gesalzene Nüsse oder andere fett- oder zuckerreiche Leckereien. Trotzdem habe ich diese Kombination bewusst gewählt, denn auch beim Naschen gibt es Möglichkeiten, gesunde Köstlichkeiten zu genießen. Nur ein paar Änderungen in der Auswahl der Zutaten, dazu die für Trennkost typische harmonische Kombination der Lebensmittel, und schon ist es kein Problem mehr, wenn es doch mal der ein oder andere Snack mehr wird.

Es kommt nur darauf an, das Richtige zu naschen. Hierfür habe ich für Sie eine Menge Rezepte entwickelt, vom klassischen Marzipan über Kuchen bis hin zu pikantem Kleingebäck. All diese Leckereien werden aus natürlichen Zutaten zubereitet, ohne dass der Genuss auf der Strecke bleibt. In den meisten herkömmlichen Süßigkeiten sind künstliche Aromen, Farbstoffe, Konservierungsstoffe oder Geschmacksverstärker enthalten, die Ihrem Gehirn suggerieren, immer weiter und immer mehr davon essen zu müssen – ein Teufelskreis. Nicht so bei Trennkost-Naschereien: Hier wird die natürliche „Satt-Bremse" wieder in Kraft gesetzt, so dass Sie ein ungezwungenes Verhältnis zum Thema Naschen aufbauen können. Auch an die Diabetiker habe ich gedacht und daher bei einem Teil der Süßigkeiten die Zutaten so zusammengestellt, dass eine stabile Blutzuckereinstellung gewährleistet bleibt.

Lassen Sie sich überraschen von den tollen Nasch-Rezepten – und machen Sie die gute Erfahrung: Selbstgemachtes schmeckt am besten!

Herzlichst,
Ihre Ursula Summ

Naschen erlaubt!

Wenn auch Sie sich immer wieder gern den Alltag versüßen, sind Trennkost-Naschereien genau das Richtige: Sie enthalten keinen weißen Zucker und bestehen aus naturbelassenen Lebensmitteln. So entlasten sie den Stoffwechsel und sorgen für leichten Genuss.

Unbeschwert naschen mit Trennkost

Als Naschkatze wissen Sie, wie schwer es ist, tagtäglich den vielen süßen und pikanten Verführungen zu widerstehen. Dabei müssen Sie gar nicht auf Naschereien verzichten, wenn Sie sich gesund ernähren möchten. Doch statt unkontrolliert nach kalorienreichen Seelentröstern zu greifen, sollten Sie sich lieber mit Trennkost-Leckereien versorgen. Die können Sie guten Gewissens genießen!

Wann und wie viel darf genascht werden?

Die meisten Menschen haben die Angewohnheit, immer wieder zwischendurch eine Kleinigkeit zu essen. Die schnelle heiße Wurst, der süße Snack oder die gerösteten Nüsse stillen zwar im ersten Moment den Appetit, sind aber oft zu salzig, zu süß und zu fett und damit ungesund. Doch diese Naschereien komplett zu verbieten wäre von vornherein zum Scheitern verurteilt. Viel sinnvoller ist es, den Appetit auf Süßes mit gesunden, trennkostgerechten Leckereien zu stillen und dem Körper dabei noch zusätzlich wertvolle Nährstoffe zuzuführen. Wenn Sie einen Weg zu wirklich gesunder Ernährung suchen, sollten Sie sich auf Ihren gesunden Menschenver-

stand verlassen, der Ihnen sagt: „Alles in Maßen." Dies gilt auch für Trennkost. Süße oder pikante Naschereien zwischendurch schmecken wunderbar und machen glücklich – vorausgesetzt, sie werden maßvoll konsumiert.

So versorgen z. B. ein Schoko-Knuspermüsli zum Frühstück und ein Erdbeer-Trinkjoghurt vormittags den Körper optimal mit Kohlenhydraten und Eiweiß. Wer es lieber pikant mag, wählt zwischendurch ein Laugengebäck oder eine Brotpizza. Der kleine Hunger auf Süßes lässt sich gut mit einem Kokos-Reisbrei oder Safran-Couscous befriedigen. Hier ist für jeden Geschmack etwas dabei!

Zum Mittag- wie auch zum Abendessen empfiehlt sich die klassische trennkostgemäße Eiweiß- oder Kohlenhydratmahlzeit. Wenn Sie sich für eine Eiweißmahlzeit entschieden haben, können Sie unter Fleisch, Fisch, Käse oder Eiern wählen. Wenn Sie eine Kohlenhydratmahlzeit zubereiten möchten, können Sie unter Getreide, Nudeln, Reis oder Kartoffeln wählen. Wichtig ist, dass Sie vor oder zu der Mahlzeit reichlich Gemüse, Salate oder Rohkost essen, denn diese Nahrungsmittel sättigen nicht nur, sondern halten vor allem den Säuren-Basen-Haushalt im Gleichgewicht.

Ein Dessert zum Nachtisch sollten Sie sich nur dann erlauben, wenn Sie keine Gewichtsprobleme haben. Besser, Sie gönnen sich erst nachmittags ein Stück Kuchen, eine Portion Eis oder ein paar Plätzchen.

TIPP

Lust auf Süßes?

Jeder kennt es: Zwischen den Mahlzeiten kommt immer wieder der kleine Appetit auf Süßes. Meist tappt man dann in die Falle und kann Plunderstückchen & Co. nicht widerstehen. Die Alternative: Legen Sie einen selbst gemachten Vorrat an – so können Sie immer auf gesundes Naschwerk zurückgreifen.

Zum Genießen sollten Sie sich Zeit nehmen. Wenn Sie sich die Süßigkeiten immer „im Vorbeigehen" in den Mund stecken, verlieren Sie leicht den Überblick über die verzehrte Menge. Übermäßiges Naschen hat natürlich seine Schattenseiten und fördert ernährungsbedingte Krankheiten.

Der schnelle Trennkost-Einsteigerkurs

Trennkost ist besonders beliebt bei Menschen, die gerne abnehmen möchten. Das ist verständlich, denn bei dieser Ernährungsweise purzeln nicht nur nach und nach die Pfunde, sondern es darf auch mal nach Lust und Laune geschlemmt werden. Doch um es richtigzustellen: Trennkost ist keine Diät im eigentlichen Sinne, sondern eine Ernährungsumstellung. Diese Umstellung sorgt für eine Entlastung der Verdauungsorgane, einen besser funktionierenden Stoffwechsel

und einen ausgeglichenen Blutzuckerspiegel – drei für eine gesunde Ernährung und eine Gewichtsabnahme über-
aus wichtige Aspekte.

Eine Entlastung der Verdauungsorgane
wird durch die trennkostgemäße Ernährungsweise gewährleistet, bei der Eiweiß
und Kohlenhydrate getrennt voneinander
gegessen werden. Das bedeutet, dass
innerhalb einer Mahlzeit stark eiweißhaltige Speisen wie Fleisch, Fisch, Eier
und verschiedene Käsesorten nicht zusammen mit stark kohlenhydrathaltigen
Speisen wie Kartoffeln, Nudeln, Reis oder
Brot verzehrt werden. So werden die Verdauungsorgane nicht unnötig belastet.
Die Folgen „gemischt" zusammengestell-
ter Speisen können sich in Form von Sodbrennen, schlechter Verdauung, Überge-
wicht oder bleierner Müdigkeit zeigen.

Die Stoffwechselfunktion wird durch die
Einhaltung des Säuren-Basen-Gleichgewichtes verbessert. Eiweiß und Kohlenhydrate hinterlassen nach der Ver-
brennung saure Abfallstoffe und zählen
somit zu den Säure bildenden Nahrungs-
mitteln. Einen Ausgleich hierzu schaffen
Basen bildende Nahrungsmittel wie Gemüse, Salate, Rohkost, Obst und Kräuter,
die bei der Trennkost eine wichtige Rolle
spielen. Schon kurze Zeit nach der Ernährungsumstellung setzt eine langsame
Entgiftung des Körpers ein.

Den ausgeglichenen Blutzuckerspiegel
gibt es gratis dazu – denn die harmonische Zusammenstellung der Mahlzeiten
und die gleichzeitige Beachtung des
Säuren-Basen-Gleichgewichtes verhin-
dern einen plötzlich stark ansteigenden
Blutzuckerspiegel.

TIPP

Die Esspausen zwischen den Mahlzeiten

Folgende Esspausen wirken sich
günstig auf Ihr Wohlbefinden aus:
- Nach dem Frühstück 2 bis 3 Stunden
- nach der Zwischenmahlzeit am
  Vormittag etwa 1½ Stunden
- nach dem Mittagessen etwa 3 bis
  4 Stunden

- nach der Zwischenmahlzeit am
  Nachmittag etwa 2 Stunden
- nach dem Abendessen (vor 20 Uhr)
  sollte die Nahrungsaufnahme für
  den Tag abgeschlossen sein.

Betrachten Sie diese Zeitangaben
bitte nur als Anregung.

Wissenswertes aus der Trennkost-Backstube

Nicht nur beim Kochen, sondern auch beim Backen steht die harmonische Zusammenstellung der einzelnen Nahrungsmittel im Vordergrund. Das ist nicht immer ganz einfach, da zum Beispiel bei Gebäck aus der Kohlenhydratgruppe nicht die ganzen Eier, sondern nur die Eigelbe verwendet werden sollten. Auch wird bei diesen Rezepten die Milch – sie gehört zur Eiweißgruppe – durch Soja-, Hafer-, Reis- und Buttermilch, Joghurt oder ein Wasser-Sahne-Gemisch ersetzt. Früchte, die Fruchtsäure enthalten, sind in Verbindung mit Mehl ebenfalls ungünstig kombiniert, da diese Verbindungen Sodbrennen begünstigen können.

Gebäck aus der Eiweißgruppe hingegen sollte kein Mehl enthalten, was nicht immer so einfach umzusetzen ist. Etwas schwierig gestaltet sich auch das Süßen, denn Honig, Ahornsirup, Apfel- oder Birnendicksaft gehören in die Gruppe der Kohlenhydrate. Doch hier sollte man aus geschmacklichen Gründen etwas Großzügigkeit walten lassen. Sie finden darum zum Süßen in den Eiweiß-Rezepten gelegentlich auch kleine Mengen an Honig. Eine gute Alternative zu den oben genannten Süßungsmitteln bietet Stevia.

Stevia ist eine aus Südamerika stammende Pflanze, die dort von den Ureinwohnern schon seit Jahrhunderten als Süßmittel für Speisen, Getränke und für medizinische Zwecke verwendet wird.

Die Vorzüge von Stevia

Die enorme Süßkraft der Steviapflanze ist einem komplexen Molekül mit dem Namen „Steviosid" zu verdanken. Die frischen Blätter schmecken nach Süßholz und süßen 10- bis 30-mal stärker als Zucker. Die Extrakte der Pflanze können sogar die 300-fache Süßkraft von raffiniertem Zucker erreichen. Und dies alles ohne Kohlenhydrate und ohne Kalorien!

Darum hat Stevia auch keinen negativen Einfluss auf den Blutzuckerspiegel und ist deshalb ein Segen für Übergewichtige, für Diabetiker und für Menschen, die an Krebs erkrankt sind oder an Neurodermitis, Darmpilzen oder Magenbeschwerden leiden. Die Bezugsadresse von Stevia finden Sie auf Seite 105.

Tipps zur Verwendung des Süßmittels
- Stevia gibt es in flüssiger Form, als Streusüße, als Pulver oder einfach als

getrocknete Blätter. Es ist äußerst hitzebeständig und kann gut zum Kochen und Backen verwendet werden.

- Stevia Fluid flüssig ist gut geeignet für Salatsaucen, Süßspeisen, Eiscremes, Sahne, Kaffee usw. Für eine Tasse Kaffee reichen 3 bis 4 Tropfen Stevia.
- Stevia GrooVia Streusüße sieht fast aus wie Zucker und hat die 4-fache Süßkraft von Zucker. Es schmeckt neutral süß, ist universell einsetzbar und einfach in der Dosierung. Zum Backen der ideale Zuckerersatz.
- Stevia Blätter, mit kochendem Wasser überbrüht, eignen sich gut zum Süßen von Tee und Kaffee.
- Stevia Extrakte in Pulverform erreichen die 200- bis 300-fache Süßkraft von raffiniertem Zucker und sind sehr gut geeignet für Salatsaucen, Süßspeisen, Joghurt, Eiscremes, Sahne, Kaffee, Tee usw.

Süße Alternativen

Als Alternative zu Stevia können Sie Agavendicksaft, Honig, Ahornsirup, Apfel- oder Birnendicksaft verwenden, wobei diese Süßungsmittel Kalorien, damit also Kohlenhydrate, enthalten und den Blutzuckerspiegel unterschiedlich beeinflussen. Weißen Zucker sollten Sie in jedem Fall vermeiden.

Trotz Schokolade schlank!

Auch Schokolade ist bei Trennkost erlaubt. Schwarze Schokolade mit 70 Prozent Kakaoanteil hat gegenüber der Milchschokolade den Vorteil, dass sie den Blutzuckerspiegel wesentlich geringer erhöht. Entsprechend geringer ist bei dem Genuss von dunkler Schokolade auch die Insulinentwicklung, die bekanntlich einen großen Einfluss auf die Entwicklung von Körperfett hat. Sie brauchen also keine Gewichtszunahme zu befürchten, wenn Sie der süßen Versuchung mal nicht widerstehen können.

Dunkle Schokolade hat noch eine weitere gesundheitsfördernde Wirkung: Sie enthält zahlreiche Antioxidanzien, die zellschädigende Sauerstoffmoleküle (sogenannte freie Radikale) im Körper neutralisieren. Diese „Radikalfänger", die z. B. auch in grünem Tee enthalten sind, können das Wachstum von Krebszellen bremsen und schützen außerdem das Herz-Kreislauf-System. Ernährungsexperten empfehlen daher den Verzehr von bis zu 20 Gramm dunkler Schokolade täglich.

Vollkornbäckerei – gesund und köstlich

Selbst gebackene Torten oder Kuchen schmecken nicht nur vorzüglich, sondern unterscheiden sich von Massenprodukten durch eine wesentlich bessere Qualität. Besonders Vollkorngebäck liegt, gerade bei jungen Leuten, wieder voll im Trend.

Beim Backen sollten Sie beachten, dass die verschiedenen Getreidesorten auch unterschiedliche Eigenschaften haben. Dinkel und Weizen beispielsweise haben, fein gemahlen, eine hervorragende Quellfähigkeit und liefern das Mehl mit den besten Backeigenschaften. Roggen ist für feine Backwaren ungeeignet, doch lässt sich aus diesem Getreide hochwertiges Brot herstellen. Hafermehl bzw. -flocken sollten Sie nur in Verbindung mit Dinkel oder Weizen zum Backen verwenden. Vollkornmehl für zartes Gebäck muss sehr fein gemahlen werden. Es benötigt doppelt so viel Backpulver oder Hefe wie weißes Kuchenmehl.

Tipp

Vollkorngebäck entwickelt sein volles Aroma meistens erst nach 24 Stunden. Gleich nach dem Abkühlen in Folie verpackt, hält sich trockenes Gebäck etwa eine Woche lang frisch.

Vollkorngebäck sollte niemals mit Zucker gesüßt werden, da es sonst beim Backen zu einer starken Gärung kommt, die Ihre Verdauung unnötig belastet.

So gelingen die Rezepte kinderleicht

- Lesen Sie zuerst das Rezept gründlich durch und stellen Sie alle Arbeitsgeräte vor dem Backen bereit.
- Stellen Sie ebenso zuerst alle Zutaten zusammen und messen Sie diese genau ab.
- Kuchenform oder Backblech sollten schon vor dem Teigrühren eingefettet oder mit Backpapier ausgelegt werden.
- Bitte heizen Sie rechtzeitig den Backofen vor.
- Bereiten Sie den Teig zügig zu.
- Machen Sie vor dem Herausnehmen des Gebäcks mithilfe eines Holzstäbchens eine Garprobe.
- Die Schnittfestigkeit von Joghurt-Quark-Torten hängt von der Kühlzeit ab. Bereiten Sie darum solche Torten besser am Vortag zu.
- Lohnenswerte Anschaffungen: ein Simmertopf für hitzeempfindliche Zutaten, ein Kuchenretter (Kuchenheber).

15

Kohlenhydratgruppe

Kohlenhyderathaltige Lebensmittel nur mit neutralen Lebensmitteln **kombinieren.**

- **Getreide und Getreideprodukte**

  Amaranth, Buchweizen, Bulgur, Couscous, Dinkel, Gerste, Grünkern, Hafer, Hirse, Quinoa, Roggen, Weizen, Brot, Brötchen, Nudeln ohne Ei, Naturreis

- **Früchte**

  abgelagerte, mürbe Äpfel, getrocknete Apfelringe, Bananen, Bananenchips, Datteln (frisch und getrocknet), Feigen (frisch und getrocknet), Trockenfrüchte, getrocknete Tomaten

- **Süßungsmittel**

  Agavendicksaft, Ahornsirup, Apfeldicksaft, Birnendicksaft, Frutilose, Honig

- **Sonstiges**

  Weinstein-Backpulver, Puddingpulver, Vollkornsemmelbrösel, Kartoffelstärke, Speisestärke wie Mondamin und Maizena, dunkle Schokolade (70 % Kakaoanteil), Kakao, Karobe (gemahlene Frucht des Johannisbrotbaumes; das Pulver wird wie Kakaopulver verwendet.)

Kohlenhydrathaltige Lebensmittel

Neutrale Lebensmittel

- **Fette**

  Butter, gute Öle, ungehärtete Margarine bzw. Plattenfette.

- **Milch- und Sojaprodukte**

  Buttermilch, Crème fraîche, Dickmilch, Joghurt, Kefir, Kokosmilch, Quark, Schmand, saure Sahne, süße Sahne, Sojamilch, Sojacreme

- **Käse**

  Rohmilch-Käse und Käse über 60 % Fett i.Tr., z. B. Allgäuer Emmentaler, Appenzeller, Bio-Ziegenmünster, Bresso, Cabrales, Camembert, Feta, Frischkäse, Greyerzer, Handkäse, Harzer Roller, Hüttenkäse, Korbkäse, körniger Ricotta, Liptauer, Mainzer Käse, Manchego, Mascarpone, Mozzarella, Olmützer Quargel, original Parmesan, Pyrenäenkäse, Roquefort, Sant Albray, Schafskäse, Schweizer Raclette, Tiroler Graukäse, Thurgauer, Wörishofener, Ziegenkäse

- **Luftgetrocknete oder roh geräucherte Wurstwaren**

  Bündner Fleisch, Debrecziner, Lachsschinken, roher Schinken, Salami

Neutrale

Eiweißgruppe

Eiweißhaltige Lebensmittel nur mit neutralen Lebensmitteln **kombinieren.**

■ Eier, Milch, Käse, Soja

Ganzes Ei, Eiweiß (Eiklar), Trinkmilchsorten aller Fettstufen, alle Käsesorten, die erhitzt wurden, z. B. Gouda, Edamer, Tilsiter, Allgäuer Bergkäse, Bonbel, Fol Epi, Esrom, Gorgonzola, Grünländer, Havarti

■ Früchte

Ananas, Aprikosen, saftige Äpfel, Birnen, Brombeeren, Clementinen, Erdbeeren, Granatäpfel, Grapefruits, Guaven, Himbeeren, Holunderbeeren, Johannisbeeren, Kakis, Kirschen, Kiwis, Kumquats, Limetten, Litschis, Mandarinen, Mangos, Mirabellen, Nektarinen, Orangen, Papayas, Passionsfrüchte, Pfirsiche, Pflaumen, Quitten, Reineclauden, Rhabarber, Sauerkirschen, Stachelbeeren, Weintrauben, Zitronen

■ Getränke

Apfelsaft naturrein, Apfelwein, Früchtetee, Obstsäfte, herber Weiß-, Rot- und Roséwein, trockener Sekt

Eiweißhaltige Lebensmittel

...nsmittel

■ Rohe, marinierte oder geräucherte Fischsorten

gebeizter Lachs, geräucherter Aal, Bückling, Forellenfilet geräuchert, Heilbutt, Kaviar

■ Nüsse und Samen

Cashewnüsse, Haselnüsse, Keimlinge, Kokosnuss, getrocknete Kokosraspel, Kürbiskerne, Leinsamen, Mandeln, Macadamianüsse, Paranüsse, Pecanüsse, Pinienkerne, Pistazien, Sesamsamen, Sonnenblumenkerne, Walnusskerne

■ Früchte

Heidelbeeren, Rosinen, abgeriebene Orangenschale, abgeriebene Zitronenschale

■ Sonstiges

Agar-Agar, pflanzliches Bindemittel aus Johannisbrotkernmehl, Brottrunk, Eigelb, Gelatine, alle Gemüsearten, Gemüsebrühe, grüner Tee, Hefe, Instant-Kaffee, Molkosan (vergorenes Molkekonzentrat), Obstessig, Oliven, Sojamehl, Stevia, Klarer Obstbrand, Korn, Slivovitz, Wacholder, weißer Rum (jeweils in kleinen Mengen)

Rezepte für Naschkatzen

Ob süß oder pikant: Hier finden Sie viele leckere Rezepte für kleine Naschereien zwischendurch, die Sie nach Herzenslust genießen dürfen. Denn sie enthalten nur gesunde Zutaten und sind nach den Regeln der Trennkost zusammengestellt. Einfach himmlisch!

Pfirsich-Joghurt-Torte

▶ Eiweiß

Für 16 Stücke

⊙ 25 Min. + 12 Min. Backzeit + Kühlzeit über Nacht

Für den Belag:

4–5 Pfirsiche · 2 EL Zitronensaft · 3 EL Stevia GrooVia
oder 5 EL Honig · 7 Blatt weiße Gelatine · 375 g Joghurt ·
500 g Sahnequark · einige Minzeblättchen

Für den Tortenboden:

2 Eiweiße · 1 Msp. Meersalz · 2 Eigelbe · ¼ TL Stevia
oder 1 TL flüssiger Honig · 40 g fein geriebene Mandeln

1. Zitronensaft mit 125 Milliliter Wasser und 1 Esslöffel
   Stevia bzw. 1 Esslöffel Honig aufkochen. Die Pfirsiche
   darin kurz dünsten, dann abtropfen lassen.

2. Für den Boden das Eiweiß mit dem Salz steif
   schlagen. Eigelb, Stevia bzw. Honig und die Mandeln
   unterheben.

3. Eine Springform (26 Zentimeter Durchmesser) mit
   Backpapier auslegen, den Teig darauf verteilen und
   bei 175 °C 10 bis 12 Minuten backen.

4. Joghurt, Quark und Stevia mischen. Die Gelatine in
   kaltem Wasser einweichen, ausdrücken, kurz
   erhitzen und unter die Quarkmasse rühren. Creme
   und Obst auf dem Tortenboden verteilen und kalt
   stellen. Mit Pfirsichspalten und Minze garnieren.

Orangen-Mousse-Torte

▶ **Eiweiß**

Für 16 Stücke
⊙ *25 Min. + 12 Min.*
Backzeit + Kühlzeit über
Nacht

Für den Tortenboden:
3 Eiweiße
50 g fein gemahlene Mandeln
1 EL Stevia GrooVia oder
1 EL Honig

Für den Belag:
12 Blatt Gelatine
3 Eigelbe
3 EL Stevia GrooVia
oder
55 g flüssiger Honig
300 ml frisch gepresster
Orangensaft
500 g Quark (20 % Fett i. Tr.)
300 g Sahne

Für die Garnitur:
16 Orangenfilets
2–3 EL Mandelblättchen

1. Für den Tortenboden das Eiweiß steif schlagen. Mandeln und Stevia bzw. Honig unter den Eischnee heben. Den Teig auf einer mit Backpapier ausgelegten Springform (26 Zentimeter Durchmesser) verteilen und im Backofen bei 160 °C in 10 bis 12 Minuten backen. Den Tortenboden aus der Form nehmen und das Backpapier abziehen. Das Papier und den Boden wieder in die Form geben.

2. Die Gelatine in kaltem Wasser 5 Minuten einweichen. Eigelb zusammen mit dem Stevia oder Honig 2 Minuten schaumig rühren, bis eine cremige Masse entsteht. Den Orangensaft kurz aufkochen. Die Gelatine ausdrücken und im heißen Saft auflösen. Tropfenweise den Saft unter die Eigelbmasse rühren. Leicht abkühlen lassen.

3. Den Quark mit dem Schneebesen unterrühren. Die Sahne steif schlagen und unterheben. Die Springform mit Alufolie ummanteln und die flüssige Masse einfüllen.

4. Die Torte über Nacht kalt stellen. Danach den Rand der Torte aus der Form lösen und den Kuchen auf eine Tortenplatte geben. Mit den Orangenfilets und Mandelblättchen garnieren.

Heidelbeer-Törtchen mit Marzipanboden

1. Für den Marzipanboden den Honig mit den Mandeln, Bittermandelöl und Rosenwasser gut verkneten. Den Teig zwischen Klarsichtfolie legen und ihn etwa 3 bis 4 Millimeter dick ausrollen. Mit einem runden Gefäß 4 Böden à 8 Zentimeter Durchmesser ausstechen. Die Marzipanböden auf ein mit Backpapier ausgelegtes Backblech legen. Im Backofen bei 160 °C etwa 4 bis 6 Minuten backen.

2. Die Gelatine im kalten Wasser 5 Minuten einweichen. Den Frischkäse mit dem Joghurt glatt rühren und mit Stevia bzw. Honig süßen. Die Gelatine ausdrücken, in einem kleinen Topf erhitzen und tropfenweise unter die Masse rühren.

3. Um die Marzipanböden 4 Tortenringe legen. 2 Esslöffel Heidelbeeren mit einer Gabel fein zerdrücken und beiseitelegen. Die restlichen Heidelbeeren gleichmäßig auf den Marzipanböden verteilen. Dann die Frischkäse-Joghurt-Masse einfüllen und glatt streichen.

4. Die zerdrückten Heidelbeeren zu gleichen Teilen auf die Törtchen geben und mit einem Holzstäbchen Muster ziehen. Anschließend die Törtchen 4 bis 5 Stunden kalt stellen. Zum Servieren die Törtchen mit einem Messer aus den Formen lösen und mit Minzeblättchen garnieren.

▶ Kohlenhydrate

Für 4 Stück
⊙ 35 Min. + 6 Min.
Backzeit + 6 Std. Kühlzeit

Für den Boden:
70 g fester Honig
(z. B. Rapshonig)
70 g fein gemahlene Mandeln
5 Tropfen Bittermandelöl
1 TL Rosenwasser

Für die Creme:
5 Blatt Gelatine
250 g Frischkäse
550 g Joghurt
4 EL Stevia GrooVia
oder
160 g flüssiger Honig
250 g Heidelbeeren
einige Minzeblättchen

Himbeer-Biskuitrolle

Für 18 Stücke
🕐 *45 Min. + 12 Min.
Backzeit + Kühlzeit über
Nacht*
Teig:
5 große Eier
1 Msp. Salz
1 EL Zitronensaft
1 TL Stevia GrooVia
oder
1 EL Honig
150 g fein gemahlene Mandeln
Außerdem:
2 EL fein geriebene Mandeln
Füllung:
4 Blatt Gelatine
300 g Himbeeren
2–3 EL GrooVia
oder
3–4 EL Honig
200 g Sahne
250 g Joghurt (10 % Fett)

1. Die Eier trennen. Das Eiweiß mit dem Salz steif schlagen. Den Zitronensaft mit dem Stevia GrooVia bzw. Honig mischen. Eigelb schaumig rühren, mit Mandeln und Zitronensaft unter den Eischnee heben. Den Teig auf einem mit Backpapier ausgelegten Backblech verteilen. Im Backofen bei 175 °C in 10 bis 12 Minuten backen.

2. Ein ausgebreitetes Küchenhandtuch mit dem restlichen Mandelmehl bestreuen. Die heiße Teigplatte auf das Handtuch stürzen und das Backpapier abziehen. Den Teig der Breite nach mithilfe des Küchenhandtuchs aufrollen und auskühlen lassen.

3. Die Gelatine in kaltem Wasser 5 Minuten einweichen. Die Himbeeren verlesen, 15 Stück davon beiseitelegen. Zwei Drittel der Himbeeren zusammen mit GrooVia bzw. Honig pürieren. Die Gelatine ausdrücken, in einem Topf erhitzen und unter das Püree mischen. Etwas Püree beiseitestellen.

4. Sahne steif schlagen. Joghurt, Sahne und die restlichen Himbeeren unter das Himbeerpüree heben. Die Himbeersahne 2 bis 3 Stunden kalt stellen.

5. Den Biskuitboden aufrollen, mit der Himbeersahne bestreichen und mithilfe des Küchenhandtuchs wieder zu einer Rolle formen. Über Nacht kalt stellen. Mit den restlichen Himbeeren und eingedicktem Saft garnieren.

Erdbeer-Quark-Torte mit Haselnussboden

▶ Eiweiß

16 Stücke
⏱ 30 Min. + 12 Min.
Backzeit + 4–5 Std.
Kühlzeit

2 Eier
1 Msp. Meersalz
2½ EL Stevia GrooVia
oder
3–4 EL Ahornsirup
40 g geriebene Haselnüsse
500 g Erdbeeren
12 Blatt Gelatine
400 g Sahne
750 g Quark (20 % Fett i. Tr.)

1. Für den Teig die Eier trennen. Das Eiweiß mit dem Salz steif schlagen. Das Eigelb schaumig rühren, zusammen mit 1 Teelöffel Stevia GrooVia oder 1 Esslöffel Ahornsirup und den geriebenen Haselnüssen gleichmäßig unter den Eischnee heben.

2. Eine Springform (26 Zentimeter Durchmesser) mit Backpapier auslegen, den Teig gleichmäßig darauf verteilen und bei 175 °C 10 bis 12 Minuten backen. Den Tortenboden aus der Form nehmen, das Backpapier noch warm abziehen, anschließend Backpapier und Boden wieder in die Form geben.

3. Die Erdbeeren putzen, waschen und in kleine Stücke schneiden. Einige Erdbeeren für die Garnitur beiseitelegen. Die Erdbeerstückchen mit dem restlichen Stevia bzw. Ahornsirup süßen und kurze Zeit ziehen lassen.

4. Die Gelatine in kaltem Wasser 5 Minuten einweichen. Die Sahne steif schlagen. Den Quark mit den Erdbeerstückchen mischen und die Sahne unterziehen. Die Gelatine ausdrücken, kurz erhitzen, dann tropfenweise unter den Erdbeer-Sahne-Quark rühren. Die Masse gleichmäßig auf dem Tortenboden verteilen. Im Kühlschrank 6 bis 8 Stunden fest werden lassen. Mit den restlichen Erdbeeren garniert servieren.

Schoko-Sahne-Schnitten

1. Die Sahne in einen Topf geben und erhitzen. Die Schokolade in Stücke brechen und in der Sahne schmelzen lassen. Die Schokosahne kühl stellen.

2. Etwa 20 Gramm Kleie aus dem Mehl aussieben. Das Mehl mit dem Backpulver mischen. Die Butter mit Honig, Salz und Eigelb in einer Schüssel schaumig rühren. Nach und nach das Mehl und die Sojamilch dazugeben. Alles kräftig miteinander verrühren, bis der Teig leicht reißend vom Löffel fällt.

3. Den Backofen auf 160 °C vorheizen. Ein Backblech (etwa 18 x 24 Zentimeter) mit Backpapier auslegen, den Teig einfüllen und glatt streichen. Im Backofen etwa 10 Minuten backen. Anschließend aus der Form nehmen und auskühlen lassen.

4. Die Schokolade in grobe Stücke brechen. Zusammen mit der Sahne und dem Kaffee in einem Topf erhitzen. Die Schokolade darin unter Rühren auflösen. Die Schoko-Kaffee-Creme im Kühlschrank ca. 30 Minuten cremig fest werden lassen, danach gleichmäßig auf dem Kuchenteig verstreichen.

5. Die Schokosahne zusammen mit dem Sahnefest steif schlagen und auf der Kaffeecreme verteilen. Nach Belieben mit Sahnetuffs und Schokoraspeln garnieren. Gut gekühlt in 24 Stücke teilen und servieren.

▶ Kohlenhydrate

Für 24 Stücke
⊙ 45 Min. + 12 Min.
Backzeit + 5 Std. Kühlzeit

Für die Schokosahne:
400 ml Sahne
75 g dunkle Schokolade, 70 % Kakaoanteil
1 Pck. Sahnefest

Für den Teig:
125 g feines Weizenvollkornmehl
3 TL Weinstein-Backpulver
45 g weiche Butter
2 EL Honig
1 Msp. Meersalz
1 Eigelb
2 EL Sojamilch

Für die Schoko-Kaffeecreme:
75 g dunkle Schokolade, 70 % Kakaoanteil
45 ml Sahne
2 TL Instant-Kaffee

Zum Garnieren:
einige Sahnetuffs
40 g Borkenschokolade

Bunte Beerentorte

▶ **Eiweiß**

12 Stücke

⊘ 25 Min. + 22 Min.
Backzeit

Für den Teig:

3 Eier

150 g Quark (20 % Fett i. Tr.)

1 EL Stevia GrooVia
oder

2 EL Honig

1 EL Zitronensaft

1 EL abgeriebene Zitronenschale einer unbehandel-
ten Zitrone

125 g fein gemahlene Mandeln

1 Msp. Salz
etwas Butter für die Form

Für den Belag:

500 g gemischte Beeren
(Himbeeren, Brombeeren,
Johannisbeeren, Heidel-
beeren)

50 g Mandelblättchen

1½ EL Stevia GrooVia
oder

4 EL Obstdicksaft (Reformhaus)

1 Blatt Gelatine

80 ml Sahne

1. Die Eier trennen. Das Eigelb mit dem Quark, Stevia bzw. Honig, Zitronensaft und Zitronenschale cremig verrühren. Die gemahlenen Mandeln unterrühren.

2. Das Eiweiß zusammen mit dem Salz steif schlagen. Den Eischnee gleichmäßig unter den Nussteig heben.

3. Eine Tortenbodenform (26 Zentimeter Durchmesser) gut einfetten und den Teig gleichmäßig darin verteilen. Im Backofen 20 bis 22 Minuten bei 160 °C backen, dann aus der Form nehmen und auf einem Gitter auskühlen lassen.

4. Die Beeren putzen, vorsichtig waschen und abtropfen lassen. Mit 1 Esslöffel Stevia GrooVia bzw. 2 Esslöffeln Obstdicksaft süßen.

5. Die Mandelblättchen gleichmäßig auf dem Tortenboden verteilen, dann mit den Beeren belegen. Die Gelatine in kaltem Wasser 5 Minuten einweichen, ausdrücken und in einer kleinen Pfanne erwärmen. 50 Milliliter Wasser dazugießen, verrühren und mit dem restlichen Stevia bzw. Obstdicksaft süßen. Den Tortenguss unter Rühren abkühlen lassen. Kurz vor dem Gelieren den Guss auf den Früchten verteilen. Mit Sahnetupfern garnieren.

Leichte Buttercreme-Torte

▶ **Kohlenhydrate**

20 Stücke
⏱ 35 Min. + 28 Min.
Backzeit + 2 Std. Kühlzeit

Für den Teig:
300 g Weizenmehl Type 1050
1 Päckchen Weinstein-Back-
    pulver
1 gehäufter EL Speisestärke
100 g weiche Butter
3 Eigelbe
100 g flüssiger Honig
125 g Joghurt
1 Msp. Meersalz
1 EL abgeriebene Schale einer
    unbehandelten Zitrone
150 ml Sojamilch
    Etwas Butter für die Form
Für die Buttercreme:
500 ml Sojamilch
1 Päckchen Vanille-Pudding-
    pulver
80 g weiche Butter
2½ EL GrooVia
1 EL abgeriebene Schale einer
    unbehandelten Orange
Außerdem:
100 g gehackte Mandeln
1 EL fester Honig

1. Das Mehl mit Backpulver und Speisestärke mischen. Die Butter mit dem Eigelb und dem Honig in einer Schüssel schaumig rühren, Joghurt, Salz und Zitronenschale dazugeben. Nach und nach Mehl und Sojamilch hinzufügen und alles miteinander verrühren.

2. Eine Ringform einfetten und den Teig in die Form geben. Im Backofen bei 175 °C etwa 25 Minuten backen. Anschließend aus der Form nehmen, auskühlen lassen. Dann den Kranz quer halbieren.

3. Von der Sojamilch 100 Milliliter abnehmen und das Puddingpulver mit dem Stevia darin auflösen. Restliche Sojamilch zum Kochen bringen, von der Kochstelle nehmen und das angerührte Pudding- pulver einrühren. Den Pudding unter Rühren 1 Minute köcheln lassen, dann unter gelegent- lichem Rühren auskühlen lassen.

4. Die Butter mit dem Stevia bzw. Honig und der Orangenschale schaumig rühren. Nach und nach den Pudding unterrühren. Den Boden des Kranzes mit einem Drittel der Creme bestreichen. Den Kranz zusammensetzen und rundherum mit der restlichen Creme bestreichen.

5. Die Mandeln in einer Pfanne ohne Fett hellbraun rösten, dann mit dem Honig mischen. Den Kuchen gleichmäßig mit dem Krokant garnieren.

Heidelbeer-Joghurt-Torte

1. Die Butter mit dem Honig, Salz und Eigelb in einer Schüssel schaumig schlagen. Nach und nach das mit dem Backpulver gemischte Mehl und die Buttermilch dazugeben und alles miteinander verrühren.

2. Eine Springform (28 Zentimeter Durchmesser) mit Backpapier auslegen, den Teig einfüllen. Im Backofen bei 160 °C etwa 10 bis 12 Minuten backen. Den Tortenboden auskühlen lassen, dann aus der Form nehmen und das Backpapier vorsichtig abziehen. Den Boden wieder in die Form geben.

3. Den Frischkäse mit dem Joghurt glatt rühren. 2 Esslöffel Heidelbeeren mit einer Gabel zerdrücken und beiseitelegen. Die restlichen Heidelbeeren unter die Joghurtcreme rühren und alles mit Stevia bzw. Honig süßen.

4. Die Gelatine in kaltem Wasser 5 Minuten einweichen, danach ausdrücken und in einem kleinen Topf erhitzen. Die Gelatine tropfenweise unter die Joghurt-Heidelbeer-Masse rühren, auf den Tortenboden geben und glattstreichen. Die zerdrückten Heidelbeeren auf die Creme geben und mit einem Holzstäbchen Muster ziehen. Die Torte 5 bis 6 Stunden kalt stellen. Danach den Rand mit einem Messer aus der Form lösen und den Kuchen auf einer Tortenplatte servieren.

▶ **Kohlenhydrate**

16 Stücke
⊙ 35 Min. + 12 Min. Backzeit + 3–4 Std. Kühlzeit

Für den Teig:
125 g feines Weizenvollkornmehl
2 TL Weinstein-Backpulver
45 g weiche Butter
2 EL Honig
1 Msp. Meersalz
1 Eigelb
90 g Buttermilch

Für die Heidelbeercreme:
200 g Frischkäse
500 g Naturjoghurt (10 % Fett)
250 g Heidelbeeren (frisch oder TK)
2 EL Stevia GrooVia oder
4 EL Honig
4 Blatt Gelatine

Käsekuchen ohne Boden

▶ Kohlenhydrate

8 Stücke
🕐 20 Min. + 45 Min. Backzeit
250 ml Sojamilch · 1 Päckchen Vanille-Puddingpulver · 2 EL Stevia GrooVia oder 70 g Rapshonig · 30 g Butter · 500 g Quark (20 % Fett i. Tr.) · 1 EL abgeriebene Schale einer unbehandelten Zitrone · 2 Eigelbe

1. Puddingpulver in 5 Esslöffeln Soja-milch und Stevia bzw. Honig auflösen. Restliche Sojamilch und Butter in einem Topf erhitzen. Aufgelöstes Puddingpulver dazugeben und unter Rühren aufkochen lassen.

2. Quark, Zitronenschale und 1½ Eigelbe unterrühren und nochmals aufkochen.

3. Die Quarkmasse in eine mit Backpapier ausgelegte Springform (20 Zentimeter Durchmesser) füllen und mit dem rest-lichen Eigelb bestreichen. Im Backofen bei 160 °C etwa 45 Minuten backen.

Mandelkuchen

▶ Kohlenhydrate

12 Stücke
🕐 30 Min. + 20 Min. Backzeit
Für den Teig:
140 g Haferflocken · 140 g feines Dinkel-vollkornmehl · 1 Päckchen Weinstein-Backpulver · 80 g kalte Butterstückchen · 2 EL flüssiger Honig · 1 Eigelb · 60 ml Sojamilch
Für den Belag:
55 g Butter · 120 g Mandelblättchen · 60 g Sahne · 100 g Honig

1. Haferflocken, Mehl, Backpulver, Butter, Honig, Eigelb und Sojamilch zu einem Teig verkneten.

2. Eine Springform (26 Zentimeter Durch-messer) mit Backpapier auslegen und den Teig darauf glatt streichen.

3. Die Butter in einem Topf schmelzen. Mandelblättchen, Sahne und Honig hin-zufügen, kurz aufkochen lassen, dann auf dem Teig verteilen.

4. Im Backofen bei 175 °C 20 Minuten backen. Gut auskühlen lassen.

▶ Käsekuchen ohne Boden

Apfel-Pudding-Kuchen mit Streusel

▶ **Kohlenhydrate**

12 Stücke
⊘ 40 Min. + 45 Min.
Backzeit
Für den Teig:
200 g Weizenmehl Type 1050
1 Päckchen Backpulver
1 gehäufter EL Speisestärke
70 g weiche Butter
2 Eigelbe
60 g flüssiger Honig
80 g Joghurt
1 Msp. Meersalz
1 EL abgeriebene Schale einer
unbehandelten Zitrone
100 ml Sojamilch
etwas Butter für die Form
Für den Belag:
4 mittelgroße mürbe Äpfel
500 ml Sojamilch
2 Päckchen Vanille-
Puddingpulver
3 EL Stevia GrooVia
oder
5 EL Honig
250 g Quark (20 % i. Tr.)
Für die Streusel:
150 g Weizenmehl Type 1050
70 g kalte Butter
110 g fester Honig

1. Das Mehl mit dem Backpulver und Speisestärke mischen. Butter, Eigelb und Honig in einer Schüssel schaumig schlagen, Joghurt, Salz und Zitronen-schale unterrühren. Nach und nach das Mehl und die Sojamilch dazugeben und miteinander verrühren. Den Teig in eine eingefettete Springform (26 Zentimeter Durchmesser) geben.

2. Die Äpfel schälen, halbieren und entkernen.

3. Von der Sojamilch 5 Esslöffel abnehmen und das Puddingpulver darin auflösen. Mit Stevia bzw. Honig süßen. Die restliche Flüssigkeit in einem Topf erhitzen. Das aufgelöste Puddingpulver dazugeben und unter Rühren aufkochen lassen. Den Quark unterrühren.

4. Ein Drittel des Puddings auf dem Teig verteilen, dann die Äpfel mit der Wölbung nach unten auf den Pudding setzen. Mit dem restlichen Pudding abdecken.

5. Mehl, Butter und Honig bzw. Stevia GrooVia in eine Schüssel geben, mit den Händen verkneten und als Streusel auf dem Pudding verteilen. Im Backofen 45 Minuten bei 175 °C backen. Vor dem Anschneiden gut auskühlen lassen.

Nusskuchen

1. Die Butter zusammen mit Honig, Eigelb, Zitronen-schale, Bittermandelöl und Salz mit einem elektri-schen Rührgerät cremig schlagen. Die Nüsse und die Sojamilch unterrühren.

2. Das Mehl mit dem Backpulver gut vermischen und nach und nach unter den Teig rühren. Den Back-ofen auf 175 °C vorheizen.

3. Eine Kastenform (25 x 11 Zentimeter) mit Butter einfetten, den Teig hineinfüllen und glatt strei-chen. Im Backofen auf der mittleren Schiene 45 bis 50 Minuten backen.

4. Nach dem Ende der Backzeit den Kuchen noch kurze Zeit in der Form lassen, dann vorsichtig mit einem Messer vom Rand lösen, auf ein Kuchengitter stürzen und auskühlen lassen.

▶ **Kohlenhydrate**

12 Stücke
⊙ 20 Min. + 50 Min. Backzeit

200 g weiche Butter
200 g flüssiger Honig
2 Eigelbe
1 EL abgeriebene Schale einer unbehandelten Zitrone
½ Fläschchen Bittermandelöl
1 Msp. Meersalz
100 g gemahlene Haselnüsse
315 ml Sojamilch
250 g feines Dinkelvollkornmehl
3 TL Weinstein-Backpulver
etwas Butter für die Form

Torten-Omeletts mit Zitronencreme

▶ **Eiweiß**

Für 6 Stück

⊘ 30 Min. + 15 Min.
Backzeit + 3–4 Std.
Kühlzeit

Für die Creme:

2½ Blatt Gelatine

250 g Quark, 20 % Fett

100 ml Zitronensaft

2 EL Stevia GrooVia
oder

2 EL flüssiger Honig

125 g Sahne

Für die Omeletts:

2 Eiweiße

1 Prise Meersalz

2 Eigelbe

2 EL Quark, 20 % Fett i. Tr.

40 g gemahlene Mandeln

1 EL Stevia GrooVia
oder

1 EL flüssiger Honig

2 EL in feine Streifen geschnittene Schale einer
unbehandelten Zitrone
einige Minzeblättchen

1. Die Gelatine in kaltem Wasser 5 Minuten einweichen. Quark mit Zitronensaft und Stevia mischen. Gelatine ausdrücken, in einem Topf erhitzen, dann tropfenweise unter den Quark rühren. Die Sahne steif schlagen, unterheben und die Creme im Kühlschrank fest werden lassen.

2. Das Eiweiß mit dem Salz steif schlagen. Das Eigelb mit Quark, Mandeln und Stevia verrühren. Den Eischnee unterheben.

3. Auf ein Backpapier 6 Kreise à 13 Zentimeter Durchmesser aufzeichnen. Den Teig auf diesen Kreisen verstreichen. Die Omeletts im Ofen bei 150 °C 15 Minuten backen, dann aus dem Ofen nehmen, sofort eine Hälfte über die andere klappen und auskühlen lassen.

4. Die Creme in einen Spritzbeutel füllen und die Omeletts damit füllen. Mit Zitronenschale und Minzeblättchen garnieren.

Schokomuffins

1. Die Pinienkerne in einer Pfanne ohne Fett kurz anrösten. Die Schokolade grob reiben. Die passenden Papierförmchen in die Vertiefungen der Muffinform setzen.

2. Das Mehl mit dem Backpulver, der Speisestärke und dem Kakaopulver mischen. Das Eigelb mit dem Öl, Honig und Salz schaumig schlagen. Die Sojamilch dazugeben. Nach und nach die Mehlmischung, die Schokoladenstückchen und Pinienkerne unterrühren.

3. Den Teig in die Vertiefungen füllen. Im vorgeheizten Backofen bei 175 °C etwa 20 bis 25 Minuten backen. Die Muffins aus den Vertiefungen lösen und auf ein Kuchengitter setzen.

▶ **Kohlenhydrate**

12 Stück
⊙ 25 Min. + 25 Min. Backzeit

50 g	Pinienkerne
50 g	dunkle Schokolade (70 % Kakaoanteil)
200 g	Weizenmehl Type 1050
4 TL	Backpulver
1 EL	Speisestärke
2 EL	Kakaopulver, stark entölt
2	Eigelbe
55 ml	Sonnenblumenöl
100 g	flüssiger Honig
1 Msp.	Meersalz
140 ml	Sojamilch

Außerdem:
12 Papier-Backförmchen

Müslischnitten

▶ Kohlenhydrate

12 Stücke
⊘ 30 Min. + 35 Min.
Backzeit

Für den Teig:
3 Eigelbe
120 g Honig
6 EL Sonnenblumenöl
Meersalz
1 EL abgeriebene Schale einer
unbehandelten Zitrone
250 g feines Dinkelvollkornmehl
2 TL Weinstein-Backpulver
70 ml Sojamilch
Butter für die Form

Für den Belag:
100 g Butter
150 g Honig
120 ml Sahne
50 g Sonnenblumenkerne
100 g Mandelstifte
30 g Sesam

1. Das Eigelb zusammen mit dem Honig, Öl, Salz und dem Zitronenabrieb schaumig schlagen.

2. Das Mehl mit dem Backpulver mischen und nach und nach zusammen mit der Sojamilch unter den Teig rühren. Eine rechteckige Kuchenform (etwa 20 x 30 Zentimeter) einfetten und den Teig gleichmäßig darauf verteilen. Den Backofen auf 175 °C vorheizen.

3. Butter, Honig und Sahne aufkochen, die Sonnenblumenkerne, Mandelstifte und den Sesam unterrühren. Die Masse kurz einkochen, dann gleichmäßig auf dem Teig verteilen. Im Backofen auf der mittleren Schiene 35 Minuten backen. Aus dem Ofen nehmen und noch heiß in 12 Stücke schneiden.

Tipp

Müslischnitten eignen sich ideal als kleine Nascherei am Arbeitsplatz. Geben Sie das Gebäck in eine gut verschließbare Box. Trocken und kühl aufbewahrt, bleibt es eine gute Woche haltbar.

Knusprige Nussfladen

▶ Kohlenhydrate

25 Stück
⊙ 25 Min. + 10 Min. Backzeit
80 g feines Dinkelvollkornmehl ·
1 TL Weinstein-Backpulver · 80 g Haferflocken · 2 Eigelbe · 100 g Joghurt
(3,5 % Fett) · 100 g kalte Butter · 1 Prise
Meersalz · 1–2 TL Zimt · 120 g Honig ·
70 g gehackte Haselnüsse · 50 g gehackte
Walnüsse

1. Mehl mit Backpulver und Haferflocken
   in einer Schüssel mischen. In die Mitte
   eine Vertiefung drücken. Eigelb, Joghurt, Butter, Salz, Zimt, Honig und die
   Nüsse dazugeben und alles zu einem
   geschmeidigen Teig verarbeiten.

2. Mit einem Teelöffel Teighäufchen auf
   ein mit Backpapier ausgelegtes Backblech setzen. Etwas Platz dazwischen
   lassen, weil die Kekse leicht in die Breite gehen. Mit angefeuchtetem Löffel-
   rücken die Fladen etwas glätten. Das
   Gebäck im Ofen bei 200 °C in etwa
   8 bis 10 Minuten hellbraun backen.

Englischer Apfel-Streusel-Auflauf

▶ Kohlenhydrate

Für 12 Stücke
⊙ 20 Min. + 35 Min. Backzeit
4 EL Rosinen · 2 EL grob gehackte Mandeln · 4 mürbe Äpfel · 3 EL weißer Rum ·
½ TL Kardamom · 2 TL Zimt · 1 EL Honig
Für die Streusel:
200 g feines Dinkelvollkornmehl ·
70 g kalte Butter · 80 g fester Honig

1. Die Rosinen heiß abspülen und abtropfen lassen. Die Äpfel waschen, schälen,
   vierteln, entkernen und in kleine
   Würfel schneiden.

2. Rosinen, Mandeln und Äpfel in einer
   Schüssel mischen, mit Rum, Kardamom,
   Zimt und Honig marinieren und 10 Mi-
   nuten ziehen lassen.

3. Mehl, Butter und Honig in eine Schüssel
   geben, mit den Händen zu Streuseln
   verkneten. Die Apfelwürfel in eine
   ofenfeste Auflaufform geben und die
   Streusel gleichmäßig darauf verteilen.
   Im Backofen bei 180 °C 30 bis 35 Minuten backen, bis die Streusel leicht gebräunt sind.

Süßes spanisches Safranbrot

1. Die Rosinen mit kochendem Wasser übergießen, 5 Minuten ziehen lassen, danach abgießen. Die Safranfäden mit 2 Esslöffel heißem Wasser verrühren, dann stehen lassen, bis sich das Wasser gelb gefärbt hat.

2. Die Hefe in der lauwarmen Sojamilch auflösen. Vom Vollkornmehl etwa 80 g Kleie aussieben. Das Mehl in eine Schüssel geben und in der Mitte eine Vertiefung machen. Die aufgelöste Hefe in die Mulde geben und zusammen mit 3 Esslöffeln Mehl und 1 Teelöffel Honig zu einem Vorteig verrühren. Zugedeckt 20 Minuten gehen lassen.

3. Das Safranwasser zu dem Teig geben. Die saure Sahne, restliches Mehl und Honig, Eigelb, Butter, Öl und Salz dazugeben und miteinander verkneten.

4. Die Rosinen und Mandeln zum Teig geben und diesen auf einer bemehlten Arbeitsfläche kräftig durchkneten. Den Teig in eine gut ausgefettete Brotform geben und nochmals etwa 20 bis 30 Minuten zugedeckt gehen lassen, bis sein Volumen sich verdoppelt hat. Den Backofen auf 225 °C vorheizen.

5. Ein feuerfestes Gefäß mit heißem Wasser während der Backzeit in den Ofen stellen. Das Safranbrot mit Dampf etwa 20 Minuten bei 225 °C backen, die restlichen 15 Minuten bei 200 °C.

▶ **Kohlenhydrate**

Für 6–8 Portionen
🕐 20 Min. + 1 Std. Zeit zum Gehen + 35 Min. Backzeit

150 g	Rosinen
1	Döschen Safranfäden oder
1 TL	Kurkuma
50 g	Hefe
125 ml	lauwarme Sojamilch
500 g	feines Dinkelvollkornmehl
2 EL	Honig
125 g	saure Sahne
2	Eigelbe
65 g	weiche Butter
1 EL	Öl
1 Msp.	Meersalz
100 g	grob gehackte Mandeln etwas Butter für die Form

Kokospfannkuchen mit Rosinenquark

▶ Kohlenhydrate

Für 2 Personen

⏱ 15 Min.

75 g feines Dinkelvollkornmehl · 1 TL Weinstein-Backpulver · 150 ml Kokosmilch aus der Dose · 1 Eigelb · 1 Prise Meersalz · 3 EL Sonnenblumenöl · 125 g Quark (20 % Fett i. Tr.) · 4 EL Ahornsirup · 4 EL Rosinen

1. Das Mehl mit dem Backpulver mischen und mit der Kokosmilch, 10 Esslöffeln Wasser, Eigelb und Salz zu einem glatten Teig verrühren.

2. Etwas Öl in einer kleinen beschichteten Pfanne erhitzen. 1 kleine Schöpfkelle Teig hineingießen und bei starker Hitze den Pfannkuchen von jeder Seite 1 bis 2 Minuten backen.

3. Aus dem restlichen Öl und dem übrigen Teig 3 weitere dünne Pfannkuchen backen. Die Pfannkuchen mit dem Quark bestreichen, Ahornsirup und Rosinen darauf verteilen, zusammenrollen und servieren.

Sahnige Hirse mit Apfelstückchen

▶ Kohlenhydrate

Für 2 Personen
🕐 15 Min. + 30 Min. Garzeit
100 g Hirse · 4 EL Rosinen · 3 TL Zimt ·
1 Msp. Meersalz · ½ TL Kardamom ·
1 mürber Apfel · 1 EL Butter · 2 EL Crème
fraîche

1. Die Hirse in ein Sieb geben und heiß abspülen. In einen Topf geben, 400 Milliliter Wasser dazugießen und einmal aufkochen lassen. Rosinen, 1 Teelöffel Zimt, Salz und Kardamom untermischen und zugedeckt 25 bis 30 Minuten quellen lassen.

2. In der Zwischenzeit den Apfel vierteln, schälen, entkernen und in Würfel schneiden. Die Butter in einer Pfanne schmelzen lassen und die Apfelstücke darin braten.

3. Crème fraîche und Apfelstücke unter die Hirse rühren. Mit dem restlichen Zimt bestreuen und servieren.

Porridge mit Pinienkernen und Banane

▶ Kohlenhydrate

Für 4 Personen
🕐 15 Min.
4 EL Pinienkerne · 8–10 EL Haferflocken ·
1 Msp. Meersalz · 50 ml Sahne ·
4 TL Stevia GrooVia oder 2 EL Honig ·
2 große Bananen · 3 TL Zimtpulver

1. Die Pinienkerne in einer Pfanne ohne Fett kurz rösten.

2. Die Haferflocken mit einem Liter Wasser und dem Salz in einen Topf geben und unter Rühren einmal aufkochen. Anschließend bei schwacher Hitze 1 bis 2 Minuten quellen lassen.

3. Sahne und Pinienkerne unter das Porridge rühren und alles mit Stevia bzw. Honig süßen. Den Haferbrei in Müslischalen füllen. Die Bananen schälen und in Scheiben schneiden. Die Bananenscheiben auf dem Porridge anrichten und alles mit dem Zimt bestäuben.

Ländliche Apfelküchle

▶ Kohlenhydrate

Für 2 Personen
◷ 20 Min.
1 kleiner mürber Apfel · 100 g feines
Dinkelvollkornmehl · 1 TL Weinstein-
Backpulver · 350 ml Sojamilch ·
4–5 EL Sonnenblumenöl · 2 Eigelbe ·
1 Msp. Meersalz · 1–2 TL Zimtpulver

1. Den Apfel schälen, vierteln, entkernen
   und in Spalten schneiden. Das Mehl
   mit dem Backpulver, der Sojamilch,
   1 Teelöffel Öl, dem Eigelb und Salz zu
   einem glatten Teig verrühren. Die
   Apfelspalten unterrühren.

2. 2 Teelöffel Öl in einer kleinen beschichteten Pfanne erhitzen. 1 Schöpfkelle
   Teig hineingeben und den Apfelpfann-
   kuchen von jeder Seite 1 bis 2 Minuten
   backen.

3. Aus dem übrigen Teig 3 weitere
   Pfannkuchen backen. Mit dem Zimt
   bestäuben. Die Apfelküchle warm oder
   kalt servieren.

Grießbrei mit Honig und Zimt

▶ Kohlenhydrate

Für 2 Personen
◷ 20 Min.
500 ml Sojamilch · 2 EL Honig ·
1 TL Butter · 1 Prise Meersalz · 1 TL abgeriebene Schale einer unbehandelten
Zitrone · 60 g feiner Weizengrieß ·
1 frisches Eigelb · 2 TL Zimtpulver

1. Die Sojamilch in einen Topf geben.
   Honig, Butter, Salz und Zitronenschale
   dazugeben und einmal aufkochen
   lassen.

2. Den Topf vom Herd nehmen und den
   Grieß in die Milch rühren. Den Grießbrei zurück auf die Herdplatte stellen
   und unter Rühren einmal aufkochen
   lassen. Danach den Herd ausschalten
   und 10 bis 12 Minuten quellen lassen.

3. Das Eigelb unter den Grießbrei rühren,
   in Schälchen geben und mit Zimt
   bestreut servieren.

Süße Nudeln mit Semmelbröseln und Apfelkompott

▶ Kohlenhydrate

Für 4 Personen
⊙ 35 Min.
Für das Apfelkompott:
4 mürbe Äpfel · 1–2 TL Zimtpulver ·
1 TL Stevia GrooVia oder 1 EL Honig
Für die Nudeln:
350 g Tagliatelle · 25 g Butter ·
1½ EL Honig · 4 EL Vollkorn-Semmelbrösel

1. Die Äpfel schälen, vierteln und das Kerngehäuse entfernen. Die Apfelstücke in einen Topf geben, 80 Milliliter Wasser, Zimt und Stevia bzw. den Honig hinzufügen und zugedeckt 10 bis 15 Minuten köcheln lassen. Die Äpfel zu Brei zerstampfen und mit dem Schneebesen locker aufschlagen.

2. Die Nudeln in reichlich Wasser in 8 bis 10 Minuten bissfest garen, dann abgießen und abtropfen lassen.

3. Butter, Honig und Semmelbrösel in einer Pfanne anrösten. Die Nudeln zusammen mit den gerösteten Semmelbröseln und dem Apfelkompott servieren.

Kokos-Reisbrei mit Heidelbeersauce

▶ Kohlenhydrate

Für 4 Personen
⊙ 35 Min.
60 g getrocknete Kokosraspel ·
120 g Naturreis (10 Minuten) ·
2–3 EL Rosinen · 450 g Heidelbeeren
(frisch oder TK) · 1½ EL Stevia GrooVia
oder 3 EL Honig

1. Die Kokosraspel mit 400 Milliliter kochendem Wasser übergießen und etwa 10 Minuten quellen lassen. Danach die Kokosraspel durch ein Sieb geben und die Milch dabei auffangen.

2. Die Milch mit dem Reis in einen Topf geben und zugedeckt 10 Minuten leicht kochen lassen. Die Rosinen hinzufügen und den Reisbrei immer wieder umrühren, bis die Flüssigkeit fast verdampft ist.

3. Die Heidelbeeren waschen, mit dem Schneidstab pürieren und mit Stevia bzw. Honig süßen. Den erkalteten Reisbrei in Dessertschalen geben und mit der Heidelbeersauce servieren.

▶ **Kokos-Reisbrei mit Heidelbeersauce**

Apfel-Bulgur mit Walnuss-Karamell

▶ Kohlenhydrate

Für 2 Personen
🕑 25 Min.
80 g Bulgur · 2 EL Rosinen · 1 kleiner mürber Apfel · 3 EL Sojacreme · 1 EL Stevia GrooVia oder 4 TL Honig · 8 Walnusshälften, grob gehackt

1. Den Bulgur zusammen mit den Rosinen in 250 Milliliter kochendes Wasser geben und bei kleinster Flamme 15 Minuten ausquellen lassen. Den Bulgur vom Herd nehmen, mit einer Gabel auflockern und auskühlen lassen.

2. Den Apfel schälen, vierteln, das Kerngehäuse entfernen und die Frucht in kleine Würfel schneiden. Apfelwürfel und Sojacreme mit dem Bulgur mischen. Alles mit dem Stevia bzw. 2 Teelöffeln Honig süßen und in 2 Dessertschälchen geben.

3. Die Walnüsse in einer Pfanne ohne Fett rösten, den restlichen Honig untermischen. Die Walnüsse auf dem Bulgur verteilen und servieren.

Süßer Safran-Couscous mit gerösteten Mandeln

▶ Kohlenhydrate

Für 2 Personen
🕑 30 Min.
2 EL Rosinen · 12 Mandeln · 60 g Couscous · ½ Döschen Safran · 2 EL saure Sahne · 125 g Joghurt · 1 TL Zimtpulver · 1 TL Vanillepulver · ½ TL Kardamom · 1½ EL Stevia GrooVia oder 2 EL Honig

1. Die Rosinen mit kochendem Wasser übergießen, 5 Minuten ziehen lassen, danach abgießen und beiseitestellen. Die Mandeln in einer Pfanne ohne Fett kurz rösten, dann beiseitestellen.

2. Den Couscous und Safran in 275 Milliliter Wasser einstreuen und einmal aufkochen lassen. Bei ausgeschalteter Herdplatte zugedeckt 15 bis 20 Minuten ausquellen lassen.

3. Die saure Sahne mit dem Joghurt verrühren. Rosinen, Zimt, Vanille und Kardamom unterrühren und alles mit dem Stevia bzw. Honig süßen. Die Joghurt-Sahne-Creme mit dem Couscous mischen und mit den gerösteten Mandeln bestreut servieren.

Schoko-Knuspermüsli

▶ Kohlenhydrate

Für 10 Portionen
🕑 20 Min.
50 g dunkle Schokoladenraspel
(70 % Kakaoanteil) · 150 g Haselnüsse ·
125 g Mandeln · 300 g Haferflocken ·
125 g Rosinen · 125 g Sonnenblumenkerne · 125 g ungeschälte Sesamkörner ·
2 TL Butter · 1 EL fester Honig

1. Haselnüsse und Mandeln getrennt voneinander in Gefrierbeutel geben und
mit einem Fleischklopfer grob hacken.

2. Die Haferflocken mit der Schokolade,
den Mandeln, Rosinen und Sonnenblumenkernen gut vermischen.

3. Die Haselnüsse zusammen mit dem
Sesam in einer Pfanne kurz rösten. Die
Butter und den Honig unterrühren. Anschließend die Masse sofort auf ein Kü-
chenbrett geben und auskühlen lassen.

4. Den Karamell in kleine Stücke brechen
und mit dem Schokomüsli mischen.
Alles in eine Plätzchendose geben und
kühl aufbewahren. Portionsweise mit
Joghurt oder Sojamilch servieren.

Crunchy-Bananenmüsli

▶ Kohlenhydrate

Für 10 Portionen
🕑 20 Min. + 50 Min. Backzeit
75 g getrocknete Bananen (Bananenchips) · 60 g ungeschälte Sesamkörner ·
250 g Haferflocken · 40 g Kokosflocken ·
70 g Sonnenblumenkerne · 1 EL Sonnenblumenöl · 150 g flüssiger Honig

1. Die Bananen in ein Geschirrtuch geben
und mit dem Nudelholz in kleine Stücke brechen.

2. Den Sesam in einer Pfanne ohne Fett
kurz rösten, dann beiseitestellen. Die
Haferflocken mit den Bananenstück-
chen, Sesam, Kokosflocken und Sonnenblumenkernen gut mischen. Den
Backofen auf 140 °C vorheizen.

3. Das Öl mit dem Honig und 100 Milliliter warmem Wasser verquirlen und
unter die Haferflockenmischung
kneten. Die Müslimischung in einer
Fettpfanne gleichmäßig verteilen. Im
Backofen in etwa 45 bis 50 Minuten
hellbraun rösten und dabei zwischendurch immer wieder umrühren.

Beerenkaltschale mit Joghurtnocken

▶ **Eiweiß**

Für 2 Personen
⊙ 15 Min. + Kühlzeit
5 Blatt Gelatine · 150 g Beeren (z. B. Heidelbeeren,
Himbeeren oder Kirschen) · ¾ TL Stevia oder
4 EL Honig · 150 g Joghurt · 1 EL Zitronensaft

1. Die Gelatine in kaltem Wasser etwa 5 Minuten
   einweichen.

2. Die Beeren verlesen und kurz abbrausen. In einen
   Topf geben und mit 300 Milliliter Wasser aufkochen.
   Die Hälfte der ausgedrückten Gelatine unterrühren
   – vorher 2 Esslöffel wegnehmen und zur Seite
   stellen. Die Fruchtsuppe mit der Hälfte Stevia bzw.
   Honig süßen. Anschließend in eine Schüssel füllen
   und kalt stellen.

3. Für die Joghurtnocken die restliche Gelatine in der
   beiseitegestellten heißen Fruchtsuppe und 1 bis
   2 Esslöffeln heißem Wasser auflösen. Joghurt mit
   Zitronensaft und restlichem Stevia bzw. Honig
   verrühren.

4. Die Gelatine tropfenweise unter die Joghurtmasse
   rühren und etwa 2 Stunden kalt stellen. Die Beeren-
   kaltschale in tiefe Teller füllen, von dem Joghurt
   Nocken abstechen, zur Kaltschale geben und
   servieren.

Mango-Flan mit heißen Himbeeren

▶ Eiweiß

Für 4 Personen
⊙ 20 Min. + 4–5 Std. Zeit zum Gelieren
3½ Blatt weiße Gelatine · 2 mittelgroße
Mangos · 2 EL Stevia GrooVia oder
3½ EL Honig · 125 ml geschlagene
Sahne · 125 g Joghurt · 200 g Himbeeren
(frisch oder TK) · einige Minzeblättchen

1. Die Gelatine in kaltem Wasser einweichen. Die Mangos schälen, den Kern
entfernen und das Fruchtfleisch zusammen mit dem Stevia bzw. Honig
fein pürieren. Die Gelatine ausdrücken,
in einem Topf erhitzen und unter das
Püree mischen. Joghurt und Sahne
unterrühren.

2. Vier Förmchen mit kaltem Wasser aus-
spülen, das Mangopüree hineingeben
und 4 bis 5 Stunden kalt stellen.

3. Die Himbeeren mit 80 Milliliter Wasser in einen kleinen Topf geben und
einmal kurz aufkochen lassen.

4. Den Flan mit einem Messer vom Rand
lösen und auf Teller stürzen. Mit den
Himbeeren und Minze servieren.

Pfirsich-Nuss-Gratin

▶ Eiweiß

Für 4 Personen
⊙ 25 Min. + 15 Min. Backzeit
4 Pfirsiche · 2 EL Zitronensaft · 30 g ge-
schälte Mandeln · 30 g Walnusskerne ·
20 g Butter · 50 ml Sahne · 1 EL Stevia
GrooVia oder 2 EL Honig

1. Die Pfirsiche 1 Minute in kochendes
Wasser geben, kalt abschrecken und
häuten. Die Früchte halbieren, danach
in Stücke schneiden, den Stein dabei
entfernen.

2. Die Pfirsichstücke in eine Auflaufform
geben und mit dem Zitronensaft beträufeln. Die Mandeln und Walnusskerne grob hacken.

3. Die Butter in einer kleinen Pfanne
schmelzen lassen. Nüsse, Sahne und
Stevia bzw. Honig hinzufügen und alles
einmal kurz aufkochen lassen. Die
Nussmasse auf den Pfirsichstücken
verteilen, dann im Backofen etwa
12 bis 15 Minuten gratinieren.

Gebratene Bananen mit Zimt-Joghurt

▶ **Kohlenhydrate**

Für 2 Personen
⊙ 15 Min.
2 EL Pistazienkerne · 2 Bananen ·
2 TL Butter · 125 g Joghurt · 2 TL Zimt
pulver · 2 EL Ahornsirup

1. Die Pistazien aus der Schale befreien und mit einem Messer grob hacken. In einer Pfanne ohne Fett ganz kurz rösten, dann beiseitestellen.

2. Die Bananen schälen. Die Butter in einer beschichteten Pfanne erhitzen und die Bananen darin rundherum bei mittlerer Hitze 4 bis 5 Minuten braten.

3. Inzwischen den Joghurt mit dem Zimt verrühren. Die Bananen zusammen mit dem Zimt-Joghurt auf zwei Desserttellern anrichten. Mit dem Ahornsirup und den gehackten Pistazien garnieren.

Kokos-Ananas-Dessert

▶ **Eiweiß**

Für 4 Personen
⊙ 15 Min.
1 Ananas · 3–4 EL Kokosflocken ·
2 EL Butter · 4 EL geschlagene Sahne

1. Den Strunk der Ananas abschneiden und die Frucht auf das abgeschnittene Strunkende stellen. Mit einem scharfen Messer die schuppige Schale von oben nach unten in Streifen abschneiden.

2. Das Fruchtfleisch in runde Scheiben schneiden, dabei den mittleren holzigen Teil entfernen. Die Ananasscheiben in den Kokosflocken wenden.

3. Die Butter in einer großen Pfanne leicht erhitzen und die Scheiben darin von jeder Seite 2 Minuten braten. Die gebratene Ananas auf Desserttellern anrichten und mit je einem Klecks geschlagener Sahne garnieren.

Erdbeercreme mit Minzeblättchen

▶ Eiweiß

Für 4 Personen
🕐 25 Min. + 8 Std. Zeit zum Gelieren
4 Blatt Gelatine · 300 g Erdbeeren (frisch oder TK) · 2 Eigelbe (frisch) · 2 EL Stevia GrooVia oder 3½ EL Honig · 250 g Quark · 125 g Sahne · 4 frische Erdbeeren · einige Minzeblättchen

1. Die Gelatine in kaltem Wasser 5 Minuten einweichen.

2. Die Erdbeeren mit dem Schneidstab pürieren. Das Erdbeerpüree in einen Topf geben. Mit Stevia bzw. Honig süßen und kurz aufkochen lassen. Die Gelatine ausdrücken und unterrühren.

3. Das Eigelb mit einem Schneebesen schaumig schlagen, dann das Püree tröpfchenweise unterrühren.

4. Den Quark kräftig unterrühren. Die Sahne steif schlagen und unterheben. Die Erdbeercreme in vier Dessertgläser geben und im Kühlschrank etwa 8 Stunden fest werden lassen. Mit Erdbeeren und Minzeblättchen garnieren.

Orangen-Joghurt-Creme

▶ Eiweiß

Für 2 Personen
🕐 20 Min. + 4 Std. Zeit zum Gelieren
2 Blatt Gelatine · 2 große Orangen · 1 EL Stevia GrooVia oder 2 EL Honig · 250 g Joghurt

1. Die Gelatine in kaltem Wasser 5 Minuten einweichen.

2. Eine Orange schälen und das Fruchtfleisch klein schneiden. Einige Stücke für die Garnitur beiseitelegen.

3. Die zweite Orange auspressen und den Saft zusammen mit dem Stevia bzw. Honig einmal kurz aufkochen lassen. Die Gelatine ausdrücken und in dem Saft auflösen.

4. Den Joghurt mit dem Saft verrühren und die Orangenstücke untermischen. Die Orangen-Joghurt-Creme in zwei Dessertschalen geben und etwa 3 bis 4 Stunden kalt stellen. Mit Orangenstücken garniert servieren.

▶ Erdbeercreme mit Minzeblättchen

Himbeer-Wackelpudding

▶ Eiweiß

Für 4 Personen
◷ 20 Min. + 12 Std. Zeit zum Gelieren
12 Blatt Gelatine · 300 g Himbeeren
(frisch oder TK) · 2 EL Stevia GrooVia
oder 4–5 EL Obstdicksaft
Außerdem:
einige Sahnetupfer · 12 Himbeeren zum
Garnieren

1. Die Gelatine in kaltem Wasser einweichen. Die frischen Himbeeren putzen und waschen, tiefgekühlte leicht antauen lassen. Die Früchte mit einem Liter Wasser in einem Topf kurz aufkochen lassen.

2. Die Himbeeren durch ein Sieb streichen und den Saft auffangen. Den Himbeersaft erhitzen. Die Gelatine ausdrücken und in dem Saft auflösen. Mit Stevia bzw. Obstdicksaft süßen.

3. Die Götterspeise in eine Glasschale füllen und abkühlen lassen. Im Kühlschrank über Nacht erstarren lassen. Mit den Sahnetupfern und einigen Himbeeren garnieren.

Mandelpudding

▶ Kohlenhydrate

Für 4 Personen
◷ 15 Min.
Zum Garnieren:
4 TL Mandelblättchen · 1 TL Honig
Für den Pudding:
500 ml Sojamilch · 25 g Kartoffelstärke ·
2 Tropfen Bittermandelöl · 3 EL Stevia
GrooVia oder 3 EL fester Honig ·
60 g gemahlene Mandeln

1. Die Mandelblättchen in einer Pfanne mit 1 Esslöffel Honig karamellisieren.

2. 8 Esslöffel Sojamilch mit der Stärke, dem Bittermandelöl und Stevia bzw. Honig verrühren.

3. Die restliche Milch mit den Mandeln in einem Topf zum Kochen bringen. Die Milch von der Kochstelle nehmen, die angerührte Stärke dazugeben und unter Rühren aufkochen lassen.

4. Den Pudding in vier Dessertschalen geben und mit den karamellisierten Mandeln garnieren.

Mandarinen-Salat mit Ingwer-Joghurt

▶ **Eiweiß**

Für 2 Personen
☻ 15 Min.
2 EL Pinienkerne · 1 Stück Ingwer
(haselnussgroß) · 3 Mandarinen ·
200 g Joghurt · einige Tropfen Stevia
flüssig oder 2 TL flüssiger Honig

1. Die Pinienkerne ohne Fett in einer be-schichteten Pfanne kurz rösten, dann beiseitestellen. Den Ingwer schälen und sehr fein hacken.

2. Die Mandarinen schälen und in Spalten teilen. Joghurt mit dem Stevia bzw. Honig süßen. Den Ingwer unterrühren.

3. Die Mandarinenspalten in zwei Dessertgläser geben und den Joghurt darüber verteilen. Mit den Pinien-kernen bestreut servieren.

Granatapfel-Orangen-Dessert

▶ **Eiweiß**

Für 4 Personen
☻ 25 Min.
1 großer Granatapfel · 250 g Quark ·
80 ml frisch gepresster Orangensaft ·
4 TL Stevia GrooVia oder 6 EL Ahornsirup ·
3 Orangen · 1–2 TL Zimtpulver

1. Von dem Granatapfel das Krönchen und den Boden abschneiden. Mit einem Messer der Länge nach die Schale dünn einschneiden, die Frucht auseinanderbrechen und die Kerne aus den Zwischenhäuten lösen.

2. Den Quark mit dem Orangensaft, Stevia bzw. Ahornsirup und den Granatapfelkernen verrühren. Einige Kerne beiseitelegen.

3. Die Orangen schälen und in Stücke schneiden. Mit Zimt und etwas Stevia bzw. Ahornsirup aromatisieren. Die Früchte in 4 Dessertgläser geben und den Quark darüber verteilen. Mit Gra-natapfelkernen bestreut servieren.

Bananentraum mit Schokosauce

▶ Kohlenhydrate

Für 2 Personen
☺ 20 Min. + 2 Std. Gefrierzeit
2 vollreife Bananen · 30 g dunkle Schokolade
(70 % Kakaoanteil) · 3 EL Sahne · 3 TL Honig ·
125 g griechischer Joghurt · 1 EL gehackte Pistazien

1. Die Bananen schälen, in Stücke schneiden und in einem Gefrierbeutel etwa 2 Stunden im Gefrierfach frosten.

2. In der Zwischenzeit die Schokolade in einer kleinen Pfanne schmelzen lassen. Die Sahne zusammen mit 3 Esslöffeln Wasser unterrühren. Die Sauce mit 1 Teelöffel Honig süßen.

3. Die Bananen aus dem Gefrierfach nehmen, grob in Stücke brechen und zusammen mit dem Joghurt und restlichem Honig fein pürieren.

4. Die geeiste Bananencreme in zwei Dessertgläsern anrichten und mit der warmen Schokoladensauce übergießen. Mit den gehackten Pistazien garniert servieren.

Geeiste Mango-Sahne-Creme

▶ Eiweiß

Für 4 Personen
◷ 20 Min. + 3 Std. Gefrierzeit
2 reife Mangos · 250 ml Milch ·
2 Eigelbe · 2 EL Stevia GrooVia oder
4 EL flüssiger Honig · 125 ml Sahne ·
einige Minzeblättchen

1. Die Mangos schälen, das Fruchtfleisch von den Steinen schneiden und fein pürieren. Die Milch mit dem Mangopüree in einem Topf kurz aufkochen lassen.

2. Das Eigelb mit dem Stevia bzw. Honig cremig aufschlagen. Esslöffelweise die Mangomilch unter die Eigelbcreme rühren, dann abkühlen lassen. Die Sahne steif schlagen und unterheben.

3. Die Creme im Gefrierfach etwa 3 Stunden gefrieren lassen. Zwischendurch immer wieder umrühren, damit sich keine Eiskristalle bilden. Dann die Creme in Dessertgläser geben und mit Minze garnieren.

Erdbeer-Sahne-Sorbet

▶ Eiweiß

Für 4 Personen
◷ 10 Min.
125 g Sahne · 500 g Erdbeeren (TK) ·
2 EL Stevia GrooVia oder 5 EL Ahornsirup ·
125 g Joghurt · 4 frische Erdbeeren ·
einige Minzeblättchen

1. Die Sahne steif schlagen.

2. Die gefrosteten Erdbeeren mit dem Stevia bzw. Ahornsirup in einen Mixer geben und mit 50 Milliliter kochendem Wasser übergießen. Joghurt dazugeben und beides bei höchster Stufe fein pürieren. Das Sorbet in eine Schüssel geben und die Sahne untermischen.

3. Für die Garnitur die frischen Erdbeeren putzen, waschen und in Scheiben schneiden. Das Erdbeer-Sahne-Sorbet in Dessertschalen geben, mit den Erdbeerscheiben und Minze garnieren. Sofort servieren.

Zimtparfait

▶ Eiweiß

Für 4 Personen
🕐 20 Min. + 2 Std. Gefrierzeit
1 Vanilleschote · 100 ml Milch ·
3 Eigelbe · 2 EL Stevia GrooVia oder
3 EL Honig · 2 TL Zimt · 1 Msp. Meersalz · 250 ml Sahne · Zimt

1. Die Vanilleschote der Länge nach auf-
schneiden und das Mark herauskrat-
zen. Die Milch mit der Schote und dem
Mark kurz aufkochen lassen. Die Schote entfernen.

2. Das Eigelb mit dem Stevia bzw. Honig,
Zimt und Salz schaumig schlagen. Die
Vanillemilch unter Rühren dazugießen,
abkühlen lassen. Die Sahne steif schlagen und unterheben.

3. Eine Kastenform (9 x 20 Zentimeter)
mit Klarsichtfolie auskleiden und die
Masse einfüllen. Im Tiefkühlfach etwa
2 Stunden gefrieren lassen. Anschließend auf eine kühle Platte stürzen, mit
Zimt bestäuben und servieren.

Schnelles Zitroneneis

▶ Eiweiß

Für 4 Personen
🕐 15 Min. + 30 Min. Gefrierzeit
3 unbehandelte Zitronen · 250 g Voll-
milch-Joghurt · 2–3 EL Stevia GrooVia
oder 4 EL Honig · 200 g Sahne ·
einige Minzeblättchen

1. Von einer Zitrone die Schale abreiben,
dann alle 3 Zitronen auspressen.

2. Den Zitronensaft und die Zitronenschale mit dem Joghurt verrühren. Mit
dem Stevia bzw. Honig süßen.

3. Die Sahne steif schlagen und unterheben. Die Mischung in die Eismaschine geben und gefrieren lassen.
Anschließend in Dessertgläser füllen
und mit Minze dekorieren.

Tipp

Wenn Sie keine Eismaschine besitzen,
können Sie das Eis auch 2 Stunden ins
Gefrierfach stellen. Damit sich keine Eiskristalle bilden, muss zwischendurch
immer wieder umgerührt werden.

Mandelsplitter

▶ Kohlenhydrate

Für 30 Stück
⊙ 30 Min.
150 g Mandeln · 100 g dunkle Schokolade
(70 % Kakaoanteil) · ½ TL Zimt

1. Die Mandeln mit kochendem Wasser überbrühen
   und kurze Zeit ziehen lassen.

2. Danach die braune Haut entfernen und die Mandeln
   in feine Stifte schneiden. Die Mandelstifte in einer
   Pfanne ohne Fett kurz rösten.

3. Die Schokolade im Wasserbad schmelzen lassen.
   Die gehackten Mandeln unterrühren. Mit dem Zimt
   würzen. Die Masse leicht abkühlen lassen.

4. Mithilfe zweier Teelöffel Häufchen auf Backpapier
   setzen. Für etwa 30 Minuten im Kühlschrank fest
   werden lassen. Gut gekühlt servieren.

Feine Süßigkeiten & Pralinen

Marzipan-Konfekt

▶ Kohlenhydrate

Für 40 Stück
🕐 35 Min. + 5 Min.
Backzeit

150 g fein geriebene Mandeln
150 g fester Honig
(z. B. Rapshonig)
10 Tropfen Bittermandelöl
1 EL Rosenwasser
2 TL Kakao (stark entölt)
50 g dunkle Schokolade
(70 % Kakaoanteil)

1. Die Mandeln mit dem Honig, Bittermandelöl und Rosenwasser gut verkneten. Danach die Marzipanmasse halbieren und eine Hälfte mit dem Kakao verkneten.

2. Die Teige nacheinander zwischen Klarsichtfolie 2 Millimeter dick zu zwei gleich großen Rechtecken (10 x 40 Zentimeter) ausrollen. Die dunkle Platte auf die helle Platte legen und leicht andrücken. Von der langen Seite her aufrollen, dann in 1½ Zentimeter dicke Scheiben schneiden. Im Backofen bei 175 °C 4 bis 5 Minuten backen.

3. Die Schokolade im heißen Wasserbad schmelzen lassen. Das Marzipan-Konfekt zur Hälfte in die Schokolade tauchen und im Kühlschrank erstarren lassen.

Schoko-Nuss-Häufchen

1. Die Haselnusskerne in einen Gefrierbeutel geben und mit einem Fleischklopfer grob zerkleinern. Zusammen mit den Sonnenblumenkernen in einer Pfanne ohne Fett leicht rösten.

2. Die Schokolade im Wasserbad schmelzen lassen. Rosinen, Haselnüsse und Sonnenblumenkerne unterrühren und alles mit Kardamom würzen. Die Masse leicht abkühlen lassen.

3. Mithilfe zweier Teelöffel kleine Häufchen auf Backpapier setzen. Für etwa 30 Minuten im Kühlschrank fest werden lassen. Gut gekühlt servieren.

Tipp

Dunkle Schokolade mit 70 Prozent Kakaoanteil hat gegenüber der Milchschokolade den Vorteil, dass sie den Blutzuckerspiegel geringer erhöht. Entsprechend geringer ist auch die Insulinentwicklung, die einen großen Einfluss auf die Entwicklung von Körperfett hat.

▶ **Kohlenhydrate**

Für 30 Stück
⊘ 20 Min.

50 g Haselnusskerne
50 g Sonnenblumenkerne
100 g dunkle Schokolade (70 % Kakaoanteil)
80 g Rosinen
½ TL Kardamom

Ingwer-Trüffel

▶ Kohlenhydrate

Für 36 Stück
🕐 30 Min. + 2 Std. Kühlzeit

25 g Ingwer
200 g dunkle Schokolade
(70 % Kakaoanteil)
125 ml Sahne
30 g Butter
2–3 EL Kakao (stark entölt)

1. Den Ingwer schälen und sehr fein hacken. Die Schokolade in grobe Stücke brechen.

2. Die Sahne zusammen mit dem Ingwer in einem kleinen Topf erhitzen. Dann die Schokolade darin unter Rühren auflösen. Die Schokosahne lauwarm abkühlen lassen.

3. Die Butter in Flöckchen schneiden und unterrühren. Die Masse in 1 bis 2 Stunden im Kühlschrank fest werden lassen.

4. Mit einem Teelöffel kirschgroße Stücke abstechen, zwischen den Handflächen zu Kugeln formen und diese sofort im Kakao wälzen. In kleinen Papiermanschetten gut gekühlt servieren.

Tipp

Um die Kugeln besser formen zu können, sollten Sie die Hände zwischendurch immer wieder in Eiswasser tauchen.

Walnuss-Datteln

1. Die Datteln seitlich der Länge nach ein Stück einschneiden und vorsichtig den Kern entfernen. Die Früchte ein wenig auseinanderdrücken und mit dem Frischkäse füllen.

2. Mit den Walnusshälften garnieren. Die Walnuss-Datteln in kleine Papiermanschetten geben und leicht gekühlt servieren.

Tipp

Gesund naschen: Datteln haben einen hohen Anteil an Vitamin C und D und sind reich an Kalzium, Zink, Kupfer, Eisen, Magnesium und Phosphor. Aufgrund des hohen Ballaststoffanteils begünstigen sie zudem eine gute Verdauung.

▶ **Kohlenhydrate**

Für 12 Stück
⏱ 20 Min.
12 frische oder getrocknete Datteln
12 TL Frischkäse
12 Walnusskernhälften

Apfel-Mandarinen-Himbeeren-Smoothie

▶ **Eiweiß**

Für 2 Personen
⊙ 10 Min.
1 säuerlicher Apfel · 3 Mandarinen ·
150 g Himbeeren (TK) · 6 EL Apfelsaft naturrein

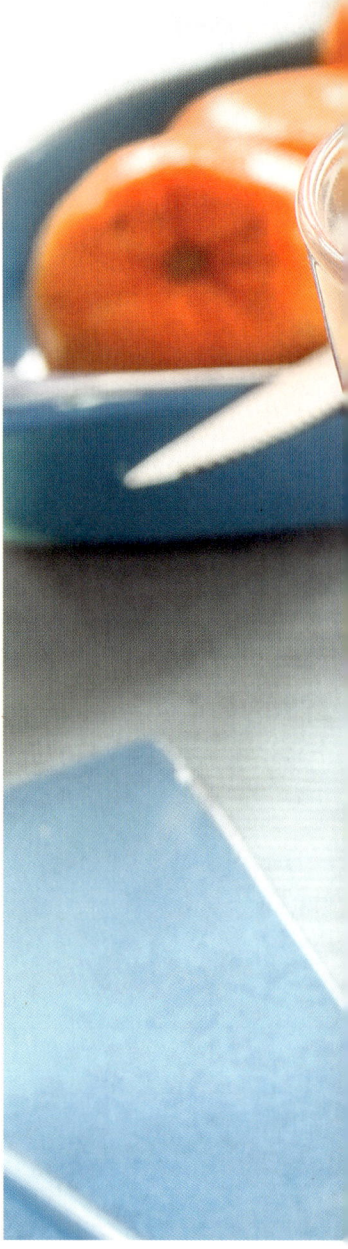

1. Den Apfel waschen, schälen, vierteln und entkernen. Die Mandarinen schälen. Zwei Mandarinenspalten für die Garnitur beiseitelegen. Äpfel, Mandarinen und Himbeeren in einem Mixer pürieren. Nach Belieben mit etwas Apfelsaft verdünnen.

2. Anschließend in Gläser füllen, mit den Mandarinenspalten garnieren und mit langstieligen Löffeln kalt servieren.

Fruchtige Shakes

Ingwer-Mango-Shake

▶ Eiweiß

Für 2 Personen
🕑 10 Min.
1 kleines Stück Ingwer (haselnussgroß) ·
1 reife Mango · 350 ml Milch · einige
Tropfen Stevia flüssig oder 1 EL Honig ·
½ TL Zimt

1. Den Ingwer schälen und sehr fein
   hacken.

2. Die Mango schälen, den Kern entfernen und das Fruchtfleisch in grobe
   Stücke schneiden. Das Mangofrucht-
   fleisch zusammen mit der Milch und
   Stevia bzw. Honig fein pürieren.

3. Die Ingwerwürfel unterrühren. Den
   Shake in 2 Gläser geben, mit dem Zimt
   bestäuben und servieren.

Heidelbeer-Softdrink

▶ Neutral

Für 2 Personen
🕑 10 Min.
100 g Heidelbeeren (frisch oder TK) ·
einige Tropfen Stevia Fluid oder
3 TL Honig · 250 g Joghurt · 4 Minzeblättchen

1. Die frischen Heidelbeeren waschen
   und verlesen, tiefgekühlte Beeren auftauen lassen. Die Früchte zusammen
   mit dem Stevia bzw. Honig in ein ho-
   hes Gefäß geben. Mit etwa 100 Milliliter kaltem Wasser auffüllen und alles
   mit dem Schneidstab fein pürieren.

2. Den Joghurt dazugeben und nochmals
   kräftig aufschlagen. Den Heidelbeer-
   Drink in zwei hohe Gläser gießen. Nach
   Belieben zusammen mit zerstoßenen
   Eiswürfeln servieren.

Sommernachtsdrink

▶ Eiweiß

Für 4 Personen
⏱ 15 Min. + 2 Std. Kühlzeit
2 EL roter Früchtetee (ersatzweise
3 Beutel) · 1½ EL Stevia GrooVia oder
3 EL Obstdicksaft (Reformhaus) ·
2 unbehandelte Orangen · 1 unbehandelte
Zitrone · 100 g Erdbeeren (frisch oder TK) ·
¾ l Rotwein · 8 Eiswürfel

1. Den Früchtetee mit einem halben Liter
   kochendem Wasser übergießen und
   10 Minuten ziehen lassen. Anschließend den Tee durch ein Sieb gießen,
   mit dem Stevia bzw. Obstdicksaft
   süßen und abkühlen lassen.

2. Die Orangen und die Zitrone waschen
   und mit der Schale in kleine Würfel
   schneiden. Die Erdbeeren waschen,
   putzen und halbieren. Tiefkühl-Erd-
   beeren antauen lassen.

3. Orangen- und Zitronenwürfel in einen
   großen Krug geben und mit dem Rotwein mischen. Die Erdbeeren und Eiswürfel dazugeben und mit dem gesüß-
   ten Tee auffüllen. Gut gekühlt servieren.

Erdbeer-Trinkjoghurt

▶ Eiweiß

Für 2 Personen
⏱ 10 Min.
125 g Erdbeeren (frisch oder TK) · einige
Tropfen Stevia flüssig oder 1 EL flüssiger
Honig · 200 ml Milch · 125 g Joghurt ·
4 Minzeblättchen

1. Frische Erdbeeren waschen, putzen
   und in Stücke schneiden, tiefgefrorene
   Beeren auftauen.

2. Die Früchte zusammen mit dem Stevia
   bzw. Honig, Milch und Joghurt in einen
   hohen Becher geben, dann mit dem
   Schneidstab fein pürieren.

3. Den Trinkjoghurt in 2 hohe Gläser
   füllen und mit den Minzeblättchen
   garnieren. Gut gekühlt servieren.

Laugengebäck

▶ Kohlenhydrate

Für 12 Stück

⏱ 20 Min. + 75 Min. Zeit zum Gehen + 15 Min. Backzeit

600 g feines Dinkelvollkornmehl · 40 ml Sahne ·
210 ml lauwarmes Wasser · 1 Würfel Hefe · 2 EL Öl ·
1 TL Meersalz · 2 EL Natron

Außerdem:

Butter für das Blech · etwas grobes Salz

1. Vom Vollkornmehl die Kleie aussieben. Die Sahne
   mit dem Wasser mischen und die Hefe darin auflösen.
   Das Mehl auf ein Backbrett geben, in der Mitte eine
   Mulde machen. Hefe dazugeben und mit etwas Mehl
   zu einem Vorteig verrühren. Zugedeckt 20 Minuten
   gehen lassen.

2. Öl und Salz dazugeben, alles zu einem festen Teig
   verkneten und etwa 30 Minuten gehen lassen.

3. Den Teig zu Kugeln, Stangen und Brezeln formen
   und diese nochmals 30 Minuten zugedeckt gehen
   lassen.

4. 1½ Liter Wasser in einem Topf erhitzen. Vorsichtig
   2 Esslöffel Natron dazugeben. Die Gebäckstücke darin
   nacheinander 1 Minute köcheln lassen, dabei einmal
   wenden, dann herausnehmen und auf ein gefettetes
   Backblech legen. Rillen einschneiden, mit grobem
   Salz bestreuen. Bei 175 °C 15 Minuten backen.

Einfache Kümmelplätzchen

▶ **Kohlenhydrate**

Für 25 Stück
Für Power und Party
🕙 45 Min. + ½ Std.
Kühlzeit + 12 Min.
Backzeit

175 g feines Dinkelvollkornmehl
80 g kalte Butter
1 Eigelb
125 g Joghurt
1 Msp. Meersalz
2 TL Kümmel

Zum Bestreuen:
etwas grobes Salz und
Kümmel

1. Das Mehl mit der Butter auf einem Backbrett vermischen. Eigelb, Joghurt, Salz und Kümmel hinzufügen und alles rasch zu einem geschmeidigen Teig verkneten. Den Teig zum Festwerden etwa 30 Minuten kalt stellen.

2. Den Backofen auf 175 °C vorheizen. Den Teig leicht bemehlen, dann portionsweise zwischen Klarsichtfolie legen und ihn etwa 3 bis 4 Millimeter dick ausrollen. Runde Plätzchen (etwa 4 Zentimeter Durchmesser) ausstechen, auf ein mit Backpapier ausgelegtes Backblech legen und dünn mit grobem Salz und Kümmel bestreuen.

3. Im Backofen auf der mittleren Leiste etwa 10 bis 12 Minuten backen. Das Gebäck ausgekühlt servieren.

Käse-Kümmel-Stangen

▶ Kohlenhydrate

Für 20 Stück
⊙ 20 Min. + 10 Min. Backzeit
125 g fein gemahlenes Dinkelvollkornmehl · 2 TL Weinstein-Backpulver ·
½ TL gekörnte Gemüsebrühe · 60 g kalte
Butter · 2 leicht gehäufte EL Quark
(20 % Fett i. Tr.) · 50 g geraspelter Greyerzer Käse · 2–3 EL Kümmel zum Bestreuen

1. Das Mehl mit dem Backpulver und der
   Gemüsebrühe mischen. Die Butter in
   Stücke schneiden und zusammen mit
   dem Quark und den Käseraspeln zum
   Mehl geben. Alles rasch zu einem ge-
   schmeidigen Teig verkneten.

2. Den Backofen auf 175 °C vorheizen.

3. Den Teig in 20 gleich große Stücke
   teilen und diese auf einer bemehlten
   Arbeitsfläche nacheinander zu etwa
   10 Zentimeter langen Stangen rollen.
   Diese in Kümmel wenden und leicht
   andrücken. Die Käse-Kümmel-Stangen
   auf ein gefettetes Backblech legen und
   im Backofen 8 bis 10 Minuten backen.
   Warm oder kalt servieren.

Sesamkekse

▶ Kohlenhydrate

Für 35 Stück
⊙ 20 Min. + 12 Min. Backzeit
240 g feines Dinkelvollkornmehl ·
1 TL Kräutersalz · 1 Päckchen Weinstein-
Backpulver · 200 g Joghurt · 3 EL Sonnenblumenöl · 4 EL Sesamsamen

1. Das Mehl mit dem Kräutersalz und
   Backpulver in einer Schüssel mischen.
   Joghurt und Öl dazugeben und alles
   rasch zu einem glatten, geschmeidigen
   Teig verkneten.

2. Den Teig leicht bemehlen, dann zwischen Klarsichtfolie legen und etwa
   3 bis 4 Millimeter dick ausrollen. Die
   Teigplatte mit einem scharfen Messer
   in etwa 40 kleine Rechtecke (4 x 5 Zentimeter) schneiden. Auf ein mit Backpapier ausgelegtes Backblech legen und
   mit Sesam bestreuen.

3. Im Backofen bei 175 °C etwa 10 bis
   12 Minuten backen. Das Gebäck ausgekühlt servieren.

Pikante Minibrötchen mit zweierlei Frischkäsecremes

▶ **Kohlenhydrate**

Für 14 Minibrötchen
🕐 30 Min. + 15 Minuten Backzeit
50 g fein gemahlene Hirse · 90 g feines
Weizenvollkornmehl · 1 TL Thymian ·
etwas Meersalz · 5 Zweige Petersilie ·
125 g Quark (20 % Fett) · 2 Eigelbe ·
Sesam, Mohn oder Kümmelsamen

1. Die Hirse mit Weizenmehl, Thymian
   und Salz mischen. Petersilie waschen,
   trocken schütteln und fein hacken. Den
   Quark mit einem Eigelb und Petersilie
   verrühren und das gewürzte Mehl
   gründlich unterkneten.

2. Aus dem Teig etwa 14 kleine Kugeln
   formen, diese etwas flach drücken
   und auf ein mit Backpapier ausgelegtes
   Backblech setzen. Die Minibrötchen
   mit dem verquirlten zweiten Eigelb
   bestreichen und nach Belieben mit
   Sesam, Mohn oder Kümmel bestreuen.

3. Die Brötchen etwa 15 Minuten bei
   180 °C backen.

▶ **Lachscreme (Neutral)**

100 g geräucherter Lachs ·
1 kleines Bund Dill · 100 g Frischkäse ·
1–2 TL Meerrettich (aus dem Glas)

1. Den Lachs in feine Würfel schneiden.
   Den Dill waschen, trocken schütteln
   und drei Viertel davon fein hacken.

2. Frischkäse mit Meerrettich und dem
   gehackten Dill verrühren und den
   Lachs untermischen. Von dem restlichen Dill Fähnchen abzupfen und
   die Creme garnieren.

▶ **Käsecreme (Neutral)**

5 Radieschen · 80 g reifer Camembert ·
100 g Frischkäse · Kräutersalz ·
1 TL Paprikapulver

1. Die Radieschen waschen, putzen und
   fein stifteln.

2. Den Camembert mit einer Gabel fein
   zerdrücken, mit dem Frischkäse und
   den Radieschen verrühren. Die Creme
   mit dem Kräutersalz leicht würzen und
   mit dem Paprikapulver bestäuben.

Pikantes Zwiebel-Käse-Brot

▶ Kohlenhydrate

Für 6–8 Portionen
⊘ 20 Min. + 70 Min. Zeit
zum Gehen + 50 Min.
Backzeit

500 g	Weizenvollkornmehl
55 g	Hefe
125 ml	lauwarme Sojamilch
1 TL	Honig
1	Zwiebel
1 EL	Butter
75 g	geriebener Allgäuer Emmentaler Käse
2	gehackte Knoblauchzehen
3 TL	getrockneter Oregano
2 TL	getrockneter Thymian
1 TL	vegetarische Brühe (Instant)
100 g	Joghurt (3,5 % Fett)
	etwas Butter für die Form

1. 470 Gramm Mehl in eine Schüssel geben, in der Mitte eine Vertiefung machen, die Hefe hineinbröckeln und mit etwas Sojamilch und 1 Teelöffel Honig zu einem Vorteig verrühren. Zugedeckt 20 Minuten gehen lassen.

2. Die Zwiebel schälen, in Würfel schneiden und in der Butter braun braten.

3. Zwiebelwürfel, Käse, Knoblauch, Kräuter, Brühe, Joghurt und die restliche Sojamilch unter das Mehl rühren und alles gut verkneten. Den Teig weitere 20 Minuten zugedeckt gehen lassen.

4. Anschließend den Teig nochmals kräftig durchkneten, zu einem Brot formen und im restlichen Mehl wälzen. Das Brot in eine gefettete Brotform geben und abermals 30 Minuten gehen lassen, bis sein Volumen sich verdoppelt hat. Bei 225 °C 40 bis 50 Minuten backen.

Scharfe Brotpizza

1. Paprikaschoten waschen, halbieren, das Kerngehäuse herausschneiden und das Fruchtfleisch in dünne Spalten schneiden. Die Zwiebel schälen und in dünne Ringe schneiden. Die Champignons putzen und in Scheiben schneiden. Den Backofen auf 200 °C vorheizen.

2. Das Öl in einer Pfanne erhitzen und das Gemüse darin unter Rühren 5 Minuten braten. Mit Salz, Oregano und Sambal Oelek würzen.

3. Brotscheiben toasten und mit der Knoblauchzehe einreiben. Die Brote auf ein mit Backpapier belegtes Blech legen. Mit dem Gemüse und Käse belegen. Im Backofen etwa 12 Minuten überbacken, bis der Käse leicht gebräunt ist.

▶ **Kohlenhydrate**

Für 4 Personen
🕐 15 Min. + 12 Min.
Backzeit

1	kleine rote Paprikaschote
1	kleine grüne Paprikaschote
1	Zwiebel
4	Champignons
1 EL	Öl
	Meersalz
1 TL	Oregano
1 TL	Sambal Oelek
4	Scheiben Vollkornbrot
1–2	Knoblauchzehen
4	Scheiben Allgäuer Emmentaler

Schinken-Käse-Taler

▶ **Eiweiß**

Für 20 Stück
🕑 10 Min. +
10 Min. Quellzeit +
12 Min. Backzeit

75 g roher Putenschinken
2 EL Leinsamen (geschrotet)
2 EL Sesamkörner (geschrotet)
50 g geriebener Gouda

1. Den Schinken in Würfel schneiden, in einer Pfanne ohne Fett 2 Minuten braten, dann herausnehmen und beiseitestellen.

2. Den Leinsamen und die Sesamkörner mit 3 bis 4 Esslöffeln Wasser in eine Schüssel geben und 10 Minuten quellen lassen. Den Backofen auf 200 °C vorheizen.

3. Die Schinkenwürfel mit dem Leinsamen mischen und den Käse unterrühren. Mit einem Teelöffel Häufchen auf ein mit Backpapier ausgelegtes Backblech setzen und leicht andrücken. Reichlich Platz dazwischen lassen, weil die Kekse in die Breite gehen. Im Ofen in etwa 10 bis 12 Minuten knusprig backen. Anschließend auskühlen lassen und kühl aufbewahren.

Parmeselis

1. Das Mehl mit Paprikapulver, Kräutersalz, Rosmarin und Pizzagewürz mischen. Die Butter in Stücke schneiden und zusammen mit dem Eigelb, Knoblauch und Joghurt zum Mehl geben. Alles rasch zu einem geschmeidigen Teig verkneten.

2. Den Teig zu einer Rolle formen (etwa 4 Zentimeter Durchmesser), in Frischhaltefolie wickeln und 30 Minuten kalt stellen.

3. Den Backofen auf 175 °C vorheizen. Die Teigrolle in 1 Zentimeter dicke Scheiben schneiden und auf ein mit Backpapier ausgelegtes Backblech geben. Die Plätzchen mit dem geriebenen Parmesan bestreuen. Im Backofen 10 bis 12 Minuten backen. Warm oder kalt servieren.

▶ **Kohlenhydrate**

Für 35 Stück
⊘ 20 Min. +
30 Min. Kühlzeit +
12 Min. Backzeit

200 g	Weizenvollkornmehl
2 TL	Paprikapulver (rosenscharf)
1 TL	Kräutersalz
1 EL	fein gehackter Rosmarin
1 TL	Pizzagewürz
90 g	kalte Butter
1	Eigelb
2	Knoblauchzehen, fein gehackt
70 g	Joghurt
4 EL	geriebener Parmesan

Elsässer Zwiebel-Schmand-Kuchen

▶ **Kohlenhydrate**

Für 4 Portionen
🕐 40 Min. + 25 Min.
Backzeit

25 g frische Hefe
200 g feines Dinkelvollkornmehl
Butter für die Form
½ TL Meersalz
2 EL Öl
2 große Gemüsezwiebeln
120 g Greyerzer Käse
2 Eigelbe
80 g Sahne
3 EL Schmand
Kräutersalz
etwas frisch geriebene
Muskatnuss
1 Msp. Cayennepfeffer

1. Die Hefe in 130 Milliliter warmem Wasser auflösen und mit der Hälfte des Mehls zu einem Vorteig verrühren. Den Teig etwa 20 Minuten zugedeckt an einem warmen Ort gehen lassen. Eine Springform mit der Butter einfetten.

2. Das restliche Mehl, Salz und ½ Esslöffel Öl mit dem Vorteig mischen und alles zu einem geschmeidigen Teig verkneten. Den Teig in die gefettete Springform geben, gleichmäßig darin verteilen und am Rand etwas hochziehen. Zugedeckt an einem warmen Ort nochmals etwa 20 Minuten gehen lassen.

3. Die Zwiebeln putzen und in feine Ringe schneiden. Den Käse fein reiben. Das restliche Öl in einer Pfanne erhitzen und die Zwiebelringe darin glasig dünsten. Den Backofen auf 200 °C Grad vorheizen.

4. Das Eigelb verquirlen. 4 Esslöffel Wasser, Sahne, Schmand und die Hälfte des Käses mit dem Eigelb verrühren. Mit dem Kräutersalz, Muskat und Cayennepfeffer würzen. Die gebratenen Zwiebelringe gleichmäßig auf dem Teig verteilen. Mit der Sahne-Käse-Mischung begießen und mit dem restlichen Käse betreuen. Im Backofen etwa 20 bis 25 Minuten backen.

Gefüllte Pitataschen

▶ **Kohlenhydrate**

Für 4 Portionen
🕐 20 Min. + 40 Min.
Zeit zum Gehen + 25 Min.
Backzeit

2 EL Sahne
42 g Hefe
250 g Weizenmehl Type 1050
250 g Joghurt
2 Eigelbe
1 EL Sonnenblumenöl
Meersalz
etwas Butter für die Form
2 EL Sesam
4–6 Salatblätter
4 kleine Tomaten
1 kleines Bund Rucola
120 g Schafskäse, z. B. Feta
1 Knoblauchzehe

1. Die Sahne mit 60 Milliliter warmem Wasser mischen. Die Hefe im Wasser-Sahne-Gemisch auflösen. Das Mehl in eine Backschüssel geben, in der Mitte eine Vertiefung machen. Die aufgelöste Hefe in die Mulde geben und mit 3 Esslöffeln Mehl zu einem Vorteig verrühren. Zugedeckt 20 Minuten gehen lassen.

2. Restliches Mehl, 3 Esslöffel Joghurt, 1½ Eigelbe, Öl und Salz dazugeben und gut verkneten. Mit bemehlten Händen 4 Kugeln daraus formen, auf ein gefettetes Backblech geben. Nochmals zugedeckt 20 Minuten gehen lassen.

3. Das restliche halbe Eigelb mit 1 EL Wasser mischen. Den Teig mit dem Eigelb bestreichen und die Sesamkörner darüberstreuen. Im Backofen bei 200 °C 20 bis 25 Minuten backen.

4. Die Salatblätter waschen und in Streifen schneiden. Die Tomaten waschen und in Würfel schneiden. Rucola waschen und die harten Stiele entfernen. Den Käse grob zerbröseln. In die Brotfladen eine Tasche schneiden. Die Salatstreifen, Tomatenwürfel, Rucola und Käse hineingeben.

5. Den Knoblauch abziehen, durch eine Presse drücken und mit dem restlichen Joghurt verrühren. Mit dem Salz würzen. Die Joghurtsauce in die Pitataschen füllen und diese sofort servieren.

Kernige Frucht-Nuss-Mischung

▶ Kohlenhydrate

Für 8 bis 10 Portionen
🕐 20 Min.
100 g Sonnenblumenkerne · 100 g Kürbiskerne · 150 g Haselnüsse · 150 g ungeschälte Mandeln · etwas Meersalz ·
150 g Cashewkerne · 80 g getrocknete
Apfelringe · 80 g Rosinen

1. Die Sonnenblumenkerne, Kürbiskerne, Haselnüsse und Mandeln in einer be-schichteten Pfanne ohne Fett unter Rühren 3 bis 4 Minuten rösten. An-schließend die Nussmischung in eine Schüssel geben und leicht salzen.

2. Die Cashewkerne dazugeben und unter die gesalzenen Nüsse mischen.

3. Die getrockneten Apfelringe in Stücke schneiden. Die Rosinen unter fließen-dem Wasser kurz abspülen und trocken tupfen. Apfelstücke und Rosinen zur Nussmischung geben. In einer gut ver-schließbaren Dose kühl und trocken aufbewahren.

Bruschetta-Brot

▶ Kohlenhydrate

Für 2 Personen
🕐 20 Min.
1 kleine Zwiebel · 1 Fleischtomate ·
8 schwarze Oliven ohne Stein · einige
Blättchen Rucola · 2 TL Olivenöl · Pfeffer ·
Meersalz · 1 Knoblauchzehe · 6 Vollkorn-
Baguette-Brotscheiben

1. Die Zwiebel abziehen und klein würfeln. Die Tomate waschen, von den Stielan-sätzen befreien, entkernen und in klei-ne Würfel schneiden. Die Oliven in Scheiben schneiden. Den Rucola grob hacken.

2. Alles zusammen mit dem Öl in einer Schüssel mischen. Mit Pfeffer und Salz würzen.

3. Den Knoblauch schälen. Die Brotschei-ben in einer beschichteten Pfanne ohne Fett von beiden Seiten rösten. Die Brote mit der Knoblauchzehe einreiben und die Tomatenmischung gleichmäßig darauf verteilen. Sofort servieren.

Pizettes mit Forelle und Kaviar

▶ **Kohlenhydrate**

Für 12 Stück
⊗ 30 Min. + 40 Min.
Zeit zum Gehen + 12 Min.
Backzeit

25 g Hefe
200 g Dinkelvollkornmehl
1 kleines Bund Schnittlauch
4 EL Öl
Meersalz
Für den Belag:
125 ml Sahne
2–3 TL Meerrettich aus dem Glas
250 g Forellenfilet, geräuchert
etwas roter Kaviar
einige Dillfähnchen

1. Die Hefe in 100 Milliliter lauwarmem Wasser auflösen. Das Mehl in eine Backschüssel geben und in der Mitte eine Vertiefung machen. Die aufgelöste Hefe in die Mulde geben und zusammen mit 3 Esslöffeln Mehl zu einem Vorteig verrühren. Zugedeckt 20 Minuten gehen lassen. Den Schnittlauch waschen und in Röllchen schneiden.

2. Restliches Mehl, Öl, Salz und die Schnittlauchröllchen mit dem Vorteig mischen und alles gut miteinander verkneten. Ein Backblech mit Backpapier auslegen. Den Backofen auf 200 °C vorheizen.

3. Den Teig zwischen Klarsichtfolie legen und etwa 3 Millimeter dick ausrollen. Mit einer Form ca. 8 Zentimeter große Kreise ausstechen und mit Abstand auf dem Blech verteilen. Mit einer Gabel mehrmals einstechen und nochmals 15 bis 20 Minuten gehen lassen. Im Backofen etwa 12 Minuten backen.

4. Die Sahne steif schlagen und mit dem Meerrettich vermischen. Von den Forellen die kleinen Gräten entfernen, dann den Fisch in 12 Stücke schneiden und auf den Pizettes verteilen. Je einen Klecks Meerrettichsahne daraufgeben und mit dem Kaviar und den Dillfähnchen garnieren. Die Pizettes warm oder kalt servieren.

Pizettes mit Spinat und Schafskäse

▶ **Kohlenhydrate**

Für 12 Stück
So richtig lecker ☺ 40 Min.
+ 40 Min. Zeit zum Gehen
+ 15 Min. Backzeit
Pizettes-Teig:
Zutaten und Zubereitung
siehe Seite 86
Für den Belag:
500 g frischer Spinat
2–3 Knoblauchzehen
1 Zwiebel
1 EL Butter
Meersalz
Pfeffer
240 g Schafskäse, z. B. Feta
12 TL Pinienkerne

1. Den Spinat putzen und waschen. Knoblauch und Zwiebel abziehen, hacken und in der heißen Butter anbraten. Den Spinat dazugeben und zusammenfallen lassen. Mit Salz und Pfeffer abschmecken.

2. Den Teig zubereiten, zwischen Klarsichtfolie legen und etwa 3 Millimeter dick ausrollen. Mit einer Form etwa 8 Zentimeter große Kreise ausstechen, auf ein gefettetes Blech geben und ihn nochmals 20 Minuten gehen lassen. Im Backofen bei 220 °C 8 Minuten backen.

3. Die Spinat-Käse-Mischung auf den Pizettes verteilen, den Käse darüber zerbröseln, die Pinienkerne darüberstreuen und weitere 5 bis 7 Minuten backen.

Pizettes mit Rosmarin- und Thymiansalsa

1. Den Teig zubereiten, zwischen Klarsichtfolie legen und darin etwa 3 Millimeter dick ausrollen. Mit einer Form ca. 8 Zentimeter große Kreise ausstechen, auf ein gefettetes Blech geben und nochmals 20 Minuten gehen lassen. Im Backofen bei 220 °C 8 Minuten backen.

2. In der Zwischenzeit die Rosmarinnadeln von den Stielen streifen und die Thymianblättchen von den Stielen zupfen. Beides sehr fein hacken, mit dem Öl vermischen und leicht salzen.

3. Die Kräutersalsa mit einem Pinsel auf die heißen Pizettes auftragen, die Oliven gleichmäßig darauf verteilen und weitere 5 bis 7 Minuten backen. Heiß servieren.

Tipp

Pizettes kann man mit kleinen Pizzen vergleichen, nur werden diese mit einem dicken Teig gebacken.

▶ **Kohlenhydrate**

Für 12 Stück
⊙ 30 Min. + 40 Min. Zeit zum Gehen +15 Min. Backzeit
Pizettes-Teig:
Zutaten und Zubereitung siehe Seite 86
Für den Belag:
2 Zweige Rosmarin
1 kleines Bund Thymian
6 EL Olivenöl
Meersalz
36 schwarze Oliven mit Stein

Scharfe Gemüse-Pizettes

▶ **Kohlenhydrate**

Für 12 Stück

🕑 35 Min. + 40 Min. Zeit
zum Gehen + 15 Min.
Backzeit

Pizettes-Teig:
Zutaten und Zubereitung
siehe Seite 86

Für den Belag:

1 große rote Paprikaschote
1 Zucchini
125 g Champignons
1 EL Öl
Meersalz
1–2 TL Sambal Oelek
240 g Greyerzer Käse

1. Die Paprikaschote waschen, putzen und in dünne Streifen schneiden. Zucchini und Champignons waschen, putzen und in Würfel hacken. Das Öl in einer Pfanne erhitzen und das Gemüse darin braten. Mit Salz und Sambal Oelek würzen.

2. Den Teig zubereiten, zwischen Klarsichtfolie legen und etwa 3 Millimeter dick ausrollen. Mit einer Form etwa 8 Zentimeter große Kreise ausstechen, auf ein gefettetes Blech geben und die Teigstücke nochmals 20 Minuten gehen lassen. Im Backofen bei 220 °C 8 Minuten backen.

3. Das Gemüse auf den Pizettes verteilen, mit dem Käse belegen und weitere 5 bis 7 Minuten backen. Heiß servieren.

Kräuter-Pizettes mit Lachs

1. Den Teig zubereiten, zwischen Klarsichtfolie legen und etwa 3 Millimeter dick ausrollen. Mit einer Form ca. 8 Zentimeter große Kreise ausstechen, diese auf ein gefettetes Blech geben und nochmals 20 Minuten gehen lassen. Im Backofen bei 220 °C 15 Minuten backen.

2. Die Zwiebel abziehen und fein würfeln. Die Salatblätter waschen und in feine Streifen schneiden. Dill waschen, trocken schütteln und fein hacken.

3. Quark und Meerrettich miteinander verrühren. Zwiebelwürfel, Salatstreifen und Dill unter den Meerrettichquark mischen, diesen auf den Lachsscheiben verteilen und die Scheiben aufrollen. Mit Spießchen auf den heißen Pizettes befestigen und sofort servieren.

▶ **Kohlenhydrate**

Für 12 Stück
⊕ 35 Min. + 40 Min. Zeit zum Gehen +15 Min. Backzeit

Pizettes-Teig:
Zutaten und Zubereitung siehe Seite 86

Für den Belag:
- 1 Zwiebel
- 6 Salatblätter
- 1 kleines Bund Dill
- 250 g Quark (20 % Fett i. Tr.)
- 4–5 TL Meerrettich aus dem Glas
- 12 Scheiben gebeizter Lachs

Schoko-Zimt-Sterne

▶ Kohlenhydrate

Für 25 Stück

⏱ 30 Min. + 15 Min. Kühlzeit + 12 Min. Backzeit

175 g Weizenmehl Type 1050 · 80 g kalte Butter · 50 g Honig · 1 Eigelb · 70 g Vollmilchjoghurt · 2 TL Zimtpulver · 1 Msp. Meersalz · 40 g Zartbitter-Kuvertüre

1. Das Mehl mit der Butter auf einem Backbrett verhacken. Honig, Eigelb, Joghurt, Zimt und Salz hinzufügen und alles rasch zu einem geschmeidigen Teig verkneten. Den Teig zum Festwerden etwa 15 Minuten kalt stellen.

2. Den Backofen auf 175° C vorheizen. Den Teig leicht bemehlen, dann portionsweise zwischen Klarsichtfolie legen und etwa 3 bis 4 Millimeter dick ausrollen. Mit einer Ausstechform Sterne ausstechen. Die Sterne auf ein mit Backpapier ausgelegtes Backblech legen und im Ofen auf der mittleren Leiste etwa 10 bis 12 Minuten backen. Das Gebäck auskühlen lassen.

3. Die Kuvertüre hacken, im Wasserbad schmelzen lassen und die Sterne damit fadenförmig überziehen. Kühl trocknen lassen.

Leckereien zur Weihnachtszeit

Haferflocken-Nuss-Kekse

▶ Kohlenhydrate

Für 45 Stück
🕙 30 Min. + 12 Min. Backzeit
150 g Haferflocken · 2 EL Sesam, geschält · 50 g feines Dinkelvollkornmehl · 1 TL Weinstein-Backpulver · 2 Eigelbe · 80 g kalte Butter · 100 g Honig · 2 EL Rosinen · 50 g gehackte Haselnüsse

1. Die Haferflocken zusammen mit dem Sesam in einer Pfanne hellbraun rösten, dann mit dem Mehl und dem Backpulver in einer Backschüssel mischen.

2. In die Mitte eine Vertiefung drücken. Eigelb, Butter, Honig, Rosinen und die gehackten Nüsse dazugeben und alles rasch zu einem Teig verkneten. Den Backofen auf 175 °C vorheizen.

3. Mit dem Teelöffel Häufchen auf ein gefettetes Backblech setzen. Das Gebäck im Backofen in etwa 10 bis 12 Minuten hellbraun backen.

Tipp
Vollkorngebäck – so lecker!

Nusskipferl

▶ Kohlenhydrate

Für 60 Stück
🕙 30 Min. + 30 Min. Kühlzeit + 12 Min. Backzeit
100 g · Walnüsse · 165 g flüssiger Honig · 125 g weiche Butter · 50 g Joghurt · 2–3 TL Lebkuchengewürz · 225 g Dinkelvollkornmehl · 100 g fein gemahlene Haselnüsse · etwas Butter für das Blech

1. Die Walnüsse in einen Gefrierbeutel geben und mit einem Fleischklopfer mittelgrob zerkleinern.

2. Den Honig mit der Butter cremig verrühren. Joghurt, Walnüsse und Lebkuchengewürz untermischen. Das Mehl und die Haselnüsse esslöffelweise dazugeben. Den Teig zugedeckt im Kühlschrank etwa 30 Minuten ruhen lassen.

3. Den Backofen auf 180 °C vorheizen. Mit leicht bemehlten Händen aus dem Teig kleine Kipferl formen und auf ein gefettetes Backblech legen. Im Ofen in etwa 10 bis 12 Minuten hellbraun backen. Nach Belieben mit etwas geschmolzener Schokolade verzieren.

Weihnachtsherzen mit Marzipan

1. Das Mehl mit dem Salz in eine Schüssel geben. In die Mitte eine Vertiefung drücken und die in Stückchen geschnittene kalte Butter, das Eigelb, die gemahlenen Mandeln und den flüssigen Honig hineingeben. Alles rasch zu einem geschmeidigen Teig verkneten. Den Teig zugedeckt im Kühlschrank etwa 30 Minuten ruhen lassen.

2. In der Zwischenzeit für das Marzipan den festen Honig mit den fein gemahlenen Mandeln, dem Bittermandelöl und Rosenwasser gut verkneten. Den Teig etwa 10 Minuten kühl stellen.

3. Den Backofen auf 175 °C vorheizen. Den Plätzchenteig aus dem Kühlschrank nehmen, zwischen Klarsichtfolie legen und etwa 3 Millimeter dick ausrollen. Mit einer Herz-Ausstechform mittelgroße Herzen ausstechen und diese auf ein gefettetes Backblech legen.

4. Den fertigen Marzipanteig ebenfalls zwischen Klarsichtfolie legen und etwa 2 Millimeter dick ausrollen. Mit einer etwas kleineren Herz-Ausstechform Herzen ausstechen.

5. Die kleineren Marzipanherzen vorsichtig auf die etwas größeren Herzen legen und leicht festdrücken. Die Weihnachtsherzen im Ofen etwa 8 bis 10 Minuten goldgelb backen. Auf einem Kuchengitter auskühlen lassen.

▶ **Kohlenhydrate**

Für 45 Stück
⊘ 30 Min. + 30 Min. Kühlzeit + 10 Min. Backzeit

200 g feines Dinkelvollkornmehl
1 Msp. Meersalz
125 g kalte Butter
1 Eigelb
100 g gemahlene Mandeln
75 g flüssiger Honig
Für das Marzipan:
100 g fester Honig (z. B. Rapshonig)
100 g fein gemahlene Mandeln
10 Tropfen Bittermandelöl
1 TL Rosenwasser
Außerdem:
Etwas Butter für das Blech

95

Hagebutten-Mandelringe

▶ **Kohlenhydrate**

Für 30 Stück
⊘ 45 Min. + 15 Min.
Kühlzeit + 12 Min.
Backzeit

350 g Weizenmehl Type 1050
80 g kalte Butter
100 g Honig
2 große Eigelbe
1 Msp. Meersalz
1 EL abgeriebene Schale einer
unbehandelten Zitrone
4 EL Hagebuttenkonfitüre
4 EL gehackte Mandeln

1. Vom Vollkornmehl 50 Gramm Kleie aussieben. Das Mehl mit der Butter auf einem Backbrett vermischen. Honig, 1½ Eigelbe, Zitronenschale und Salz hinzufügen und alles rasch zu einem geschmeidigen Teig verkneten. Den Teig etwa 15 Minuten kalt stellen.

2. Den Backofen auf 175 °C vorheizen. Den Mürbeteig portionsweise zwischen Klarsichtfolie legen und dünn ausrollen. Mit einem rund gezackten Ausstecher 60 Kreise von 5 bis 6 Zentimetern ausstechen. Die Hälfte davon auf ein mit Backpapier ausgelegtes Backblech legen.

3. In die anderen 30 Plätzchen je ein Loch von 1½ bis 2 Zentimeter ausstechen. Das restliche halbe Eigelb mit einem Teelöffel Wasser verrühren, die Ringe damit bestreichen und mit den gehackten Mandeln bestreuen. Diese Oberteile auf ein weiteres Backblech legen. Die Plätzchen im Backofen etwa 10 bis 12 Minuten backen.

4. Das Gebäck auskühlen lassen. Die Unterteile der Plätzchen mit der Hagebuttenkonfitüre bestreichen und mit den Mandelringen belegen. Kühl in einer Plätzchendose aufbewahren.

Weihnachtlicher Apple-Crumble

▶ **Eiweiß**

Für 4 Personen

⏱ 25 Min. + 35 Min.
Backzeit

2 Eiweiße

1 Msp. Meersalz

40 g gemahlene Mandeln

1 TL Stevia GrooVia
oder

2 TL Ahornsirup
etwas Butter
für die Förmchen

Für den Belag:

80 g Rosinen

2 große saftige Äpfel

2–3 EL Zitronensaft

70 g grob gehackte Mandeln

1 TL Kardamom

1–2 TL Zimt

Für den Guss:

200 g Schmand

3 EL flüssige Sahne

2 Eigelbe

1 EL Stevia GrooVia
oder

2–3 EL Ahornsirup

3–4 TL Zimtpulver

1. Das Eiweiß mit dem Salz steif schlagen. Die gemahlenen Mandeln zusammen mit dem Stevia GrooVia bzw. Ahornsirup unter den Eischnee heben. 4 kleine runde Formen von je etwa 12 Zentimeter Durchmesser mit Butter einfetten und den Teig gleichmäßig darin verteilen. Den Teig im Backofen bei 160 °C 8 bis 10 Minuten vorbacken.

2. Die Rosinen mit kochendem Wasser übergießen, 5 Minuten ziehen lassen und dann abgießen. Die Äpfel waschen, schälen, vierteln, entkernen und in kleine Würfel schneiden. Die Apfelstückchen sofort mit dem Zitronensaft beträufeln.

3. Die Rosinen und Mandeln mit den Apfelstückchen vermischen. Die Früchte mit dem Kardamom und Zimt würzen. Die gewürzten Apfelwürfel in den 4 Formen verteilen.

4. Den Schmand mit der Sahne, dem Eigelb und dem restlichen Stevia bzw. Ahornsirup cremig verrühren. Den Guss über die Äpfel gießen und mit Zimt bestäuben. Im Backofen 25 bis 30 Minuten überbacken. Den Apple-Crumble in den Förmchen heiß servieren.

Tipp

Wenn Sie keine kleinen runden Formen besitzen, können Sie auch eine Auflaufform in der Größe von etwa 20 x 25 Zentimeter benutzen.

Marzipan-Stollen

▶ Kohlenhydrate

Für 14 Stücke
⏱ 40 Min. + 80 Min. Zeit
zum Gehen + 40 Min.
Backzeit

Für das Marzipan:

50 g fester Honig
(z. B. Rapshonig)
50 g fein gemahlene Mandeln
10 Tropfen Bittermandelöl
1 TL Rosenwasser

Für den Teig:

100 g Rosinen
60 g Korinthen
60 g abgezogene Mandeln
30 g Hefe
300 g feines Dinkelvollkornmehl
1 EL Joghurt
50 g weiche Butter
1 großes Eigelb
60 g flüssiger Honig
½ Fläschchen Bittermandelöl
2 EL Stollengewürz
½ TL Meersalz

Außerdem:

1 Eigelb zum Bestreichen
2 EL gehackte Mandeln

1. Den Honig mit den Mandeln, dem Bittermandelöl und Rosenwasser gut verkneten. Den Marzipanteig zu einer Rolle (20 x 3 Zentimeter) formen.

2. Rosinen und Korinthen mit kochendem Wasser übergießen, 5 Minuten ziehen lassen, danach Wasser abgießen. Mandeln in einen Gefrierbeutel geben und mit einem Fleischklopfer zerkleinern.

3. Die Hefe in 125 Milliliter lauwarmem Wasser auflösen. Ein Drittel des Dinkelmehls hinzufügen und zu einem Vorteig verrühren. Zugedeckt an einem warmen Ort etwa 20 Minuten gehen lassen.

4. Den Joghurt, das restliche Mehl, Butter, Eigelb, Honig und Gewürze dazugeben und alles zu einem Teig verkneten. Rosinen, Korinthen und Mandeln unterkneten und den Teig nochmals etwa 30 bis 40 Minuten zugedeckt gehen lassen.

5. Den Teig zu einer Platte (etwa 27 x 20 Zentimeter) ausrollen, mit dem Marzipan belegen. Die Längsseiten über das Marzipan einschlagen und festdrücken, so dass eine Stollenform entsteht. Den Stollen nochmals etwa 20 Minuten gehen lassen.

6. Den Backofen auf 175 °C vorheizen. Ein feuerfestes Gefäß mit heißem Wasser in den Ofen stellen. Den Stollen in 35 bis 40 Minuten backen.

Christkindl-Glühweinpunsch

▶ Eiweiß

Für 10 bis 12 Tassen
🕑 15 Min. + 2 Tage zum Durchziehen
2 Sternanis · 5 Nelken · etwas Muskatnuss
(frisch gerieben) · 1 TL Kardamomsamen ·
1 TL Koriandersamen · 1–2 Zimtstangen ·
1 Stück frisch gehackter Ingwer (haselnussgroß) · 2 l trockener Rotwein ·
3–4 EL Stevia GrooVia oder
8–10 EL Obstdicksaft · 1 unbehandelte
Zitrone · 3 unbehandelte Orangen

1. Die Gewürze zusammen mit dem
   Rotwein in einen Topf geben und kurz
   aufkochen lassen. Anschließend 2 Tage
   durchziehen lassen.

2. Danach die Gewürze aussieben und
   den Rotwein mit dem Stevia bzw.
   Obstdicksaft süßen.

3. Zitrone und 1 Orange abwaschen und
   mit der Schale in kleine Würfel schneiden. Die beiden restlichen Orangen
   auspressen. Zitronen- und Orangen-
   würfel zusammen mit dem Orangensaft zum Rotwein geben, langsam heiß
   werden lassen und sofort servieren.

Alkoholfreier Apfelpunsch mit Sahnehäubchen

▶ Eiweiß

Für 5 bis 6 Gläser
🕑 20 Min.
1 säuerlicher Apfel · 1 Stück Ingwer (haselnussgroß) · ½ TL gemahlener Kardamom ·
2 Sternanis · 1 Zimtstange · 1 l Apfelsaft,
naturrein · 1 EL Stevia GrooVia oder
2 EL Honig · 200 ml Sahne · etwas Zimtpulver

1. Den Apfel waschen, vierteln, vom
   Kerngehäuse befreien und in kleine
   Würfel schneiden. Den Ingwer grob
   hacken.

2. Die Apfelwürfel zusammen mit den
   Gewürzen in einen Topf geben. Den
   Apfelsaft dazugießen und kurz auf-
   kochen lassen. Mit dem Stevia bzw.
   Honig süßen. Zugedeckt 6 bis 8 Minu-
   ten köcheln lassen.

3. Die Sahne steif schlagen. Den heißen
   Punsch mit den Apfelstückchen in hit-
   zebeständige Gläser füllen und mit je
   einem Sahnehäubchen garnieren. Mit
   Zimt bestäuben und servieren.

Rezeptregister

T

Torten-Omeletts mit
  Zitronencreme 36

W

Walnuss-Datteln 67
Weihnachtsherzen mit
  Marzipan 95

Z

Zimt
– Gebratene Bananen mit
  Zimt-Joghurt 53
– Grießbrei mit Honig und
  Zimt 45
– Schoko-Zimt-Sterne 92

– Zimtparfait 61
Zitroneneis, schnelles 61
Zwiebel-Käse-Brot, pikan-
  tes 78
Zwiebel-Schmand-Kuchen,
  Elsässer 82

BEZUGSHINWEISE ZU STEVIA

Nähere Informationen zu Stevia und Bezugsadresse von
Produkten auf Stevia-Basis können Sie im Internet unter
folgenden Adressen finden:
Medherbs – Kräuter für Leib und Seele
Aunelstr. 70
65199 Wiesbaden
Tel. 06 11/8 46 00 15
E-Mail: info@medherbs.de
Homepage: www.medherbs.de
Weitere Internet-Adresse: www.freestevia.de

SERVICE

Liebe Leserin, lieber Leser,

hat Ihnen dieses Buch weitergeholfen? Für Anregungen, Kritik, aber auch für Lob
sind wir offen. So können wir in Zukunft noch besser auf Ihre Wünsche eingehen.
Schreiben Sie uns, denn Ihre Meinung zählt!

Ihr TRIAS Verlag
E-Mail-Leserservice: heike.schmid@medizinverlage.de
Lektorat TRIAS Verlag, Postfach 30 05 04, 70445 Stuttgart, Fax: 0711/89 31-748

Bibliografische Information der Deutschen Nationalbibliothek
Die Deutsche Nationalbibliothek verzeichnet diese Publikation in der Deutschen Nationalbibliografie; detaillierte bibliografische Daten sind im Internet über http://dnb.d-nb.de abrufbar.

Programmplanung: Uta Spieldiener
Redaktion und Bildredaktion: Annette Barth
Umschlaggestaltung und Layout:
CYCLUS Visuelle Kommunikation, Stuttgart

Bildnachweis:
Umschlagfotos: Chris Meier, Stuttgart
Fotos im Innenteil: Norbert Hellinger, München: S. 2, 6; Dominique Loenicker, Stuttgart: S. 16/17; alle Rezeptfotos: Chris Meier, Stuttgart

1. Auflage 2013

Wichtiger Hinweis: Wie jede Wissenschaft ist die Medizin ständigen Entwicklungen unterworfen. Forschung und klinische Erfahrung erweitern unsere Erkenntnisse, insbesondere was Behandlung und medikamentöse Therapie anbelangt. Soweit in diesem Werk eine Dosierung oder eine Applikation erwähnt wird, darf der Leser zwar darauf vertrauen, dass Autoren, Herausgeber und Verlag große Sorgfalt darauf verwandt haben, dass diese Angabe dem Wissensstand bei Fertigstellung des Werkes entsprechen, jedoch kann eine Garantie nicht übernommen werden. Eine Haftung des Autors, des Verlags oder seiner Beauftragten für Personen-, Sach- oder Vermögensschäden ist ausgeschlossen.

Geschützte Warennamen (Warenzeichen) werden nicht besonders kenntlich gemacht. Aus dem Fehlen eines solchen Hinweises kann also nicht geschlossen werden, dass es sich um einen freien Warennamen handelt.

© 2013 TRIAS Verlag in MVS Medizinverlage Stuttgart GmbH & Co. KG
Oswald-Hesse-Straße 50, 70469 Stuttgart

Printed in Germany

Satz und Repro:
kaltner verlagsmedien GmbH, Bobingen
gesetzt in: InDesign CS5
Druck: AZ Druck und Datentechnik GmbH, Kempten

Gedruckt auf chlorfrei gebleichtem Papier

ISBN 978-3-8304-6051-0

Auch erhältlich als E-Book:
eISBN (PDF) 978-3-8304-6052-7
eISBN (ePub) 978-3-8304-6564-5

1 2 3 4 5 6

Besuchen Sie uns auf facebook!
**www.facebook.com/
gesundeernaehrungtrias**

Das Werk, einschließlich aller seiner Teile, ist urheberrechtlich geschützt. Jede Verwertung außerhalb der engen Grenzen des Urheberrechtsgesetzes ist ohne Zustimmung des Verlags unzulässig und strafbar. Das gilt insbesondere für Vervielfältigungen, Übersetzungen, Mikroverfilmungen und die Einspeicherung und Verarbeitung in elektronischen Systemen.

figura *flex*

DER SCHMACKHAFTE TRENNKOST-DIÄTSHAKE

Empfohlen von Ursula Summ

Erhältlich in 6 trendigen Shake-Variationen

Mehr Informationen unter: www.figurapharma.de
Erhältlich in Ihrer Apotheke

Noch mehr Trennkost von Ursula Summ

▸ **ERFOLGSREZEPT TRENNKOST**

Die Trennkost-Päpstin Ursula Summ weiß,
wie genussvolles Abnehmen funktioniert –
ihre Erfolgsmethode gehört seit vielen Jahren
zu den Dauerbrennern unter den Diäten.

Die Trennkost-Bibel

Das neue große Buch der Trennkost
€ 19,95 [D] / € 20,60 [A] / CHF 34,90
ISBN 978-3-8304-3666-9

Titel auch als E-Book

Trennkost für jedes Zeitbudget

Trennkost: Das Minuten-Kochbuch
€ 17,95 [D] / / € 18,50 [A] / CHF 33,–
ISBN 978-3-8304-3871-7

Titel auch als E-Book

Die Turbo-Trennkost Teil 1

Trennkost schnell und lecker
€ 9,99 [D] / / € 10,30 [A] / CHF 14,–
ISBN 978-3-8304-3951-6

Titel auch als E-Book

www.trias-verlag.de

Turbo-Trennkost Teil 2

Trennkost leicht und lecker
€ 9,99 [D] / / € 10,30 [A] / CHF 14,–
ISBN 978-3-8304-6081-7

Titel auch als E-Book

Für Einsteiger

Trennkost: Das Einsteiger-Kochbuch
€ 17,95 [D] / / € 18,50 [A] / CHF 33,–
ISBN 978-3-8304-3829-8

Titel auch als E-Book

TRIAS
wissen, was gut tut

Gut beraten – gesund ernährt

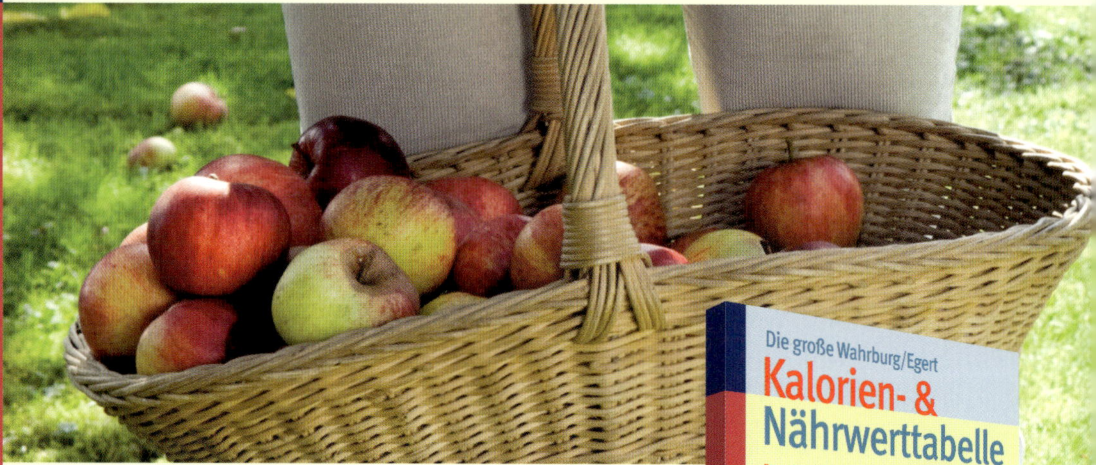

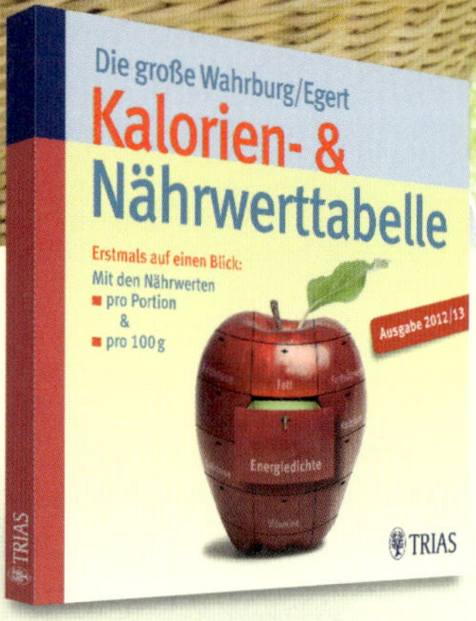

▸ 25 000 NÄHRWERTE AUF EINEN BLICK

Bei über 1400 Lebensmitteln finden Sie hier neben Kalorien, Fett und Fettsäuren, Kohlenhydraten, Eiweiß, Vitaminen und Mineralstoffen erstmals auch die Energiedichte. Mit den wichtigen Angaben zu Laktose und Fruktose wird diese Tabelle zu einem unentbehrlichen Nachschlagewerk für alle, die ihre Ernährung optimieren wollen.

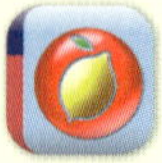

Jetzt auch für Ihr iPhone:
Die Nährwerte-App

Wahrburg/Egert
**Die große Wahrburg/Egert
Kalorien- & Nährwerttabelle**
€ 14,99 [D] / € 15,50 [A] / CHF 21,–
ISBN 978-3-8304-6067-1

Titel auch als E-Book

www.trias-verlag.de